이 책에 쏟아진 찬사

★★★★★

이 책은 단순한 회고록이 아닙니다. 박성진 교수의 여정은 대한민국 벤처생태계의 산 역사이며 그가 제시한 '퍼시픽밸리'는 지역을 넘어 국가의 미래를 향한 전략적 비전입니다. 포스텍 1회 졸업생으로서 학문과 산업, 공공과 민간을 넘나들며 남긴 발자취는 벤처의 씨앗을 심고 혁신의 숲을 일군 과정 그 자체라 할 수 있습니다. MIT에서 받은 영감, 미국에서의 벤처 경험, 그리고 포스텍 교수와 포스코 임원으로서의 실천은 그를 이론가가 아니라 실행가가 되도록 이끌었습니다.

이 책은 성공의 찬가가 아니라 도전의 기록입니다. 벤처생태계를 구축하는 과정에서 마주한 난관, 성찰, 그리고 그 속에서 모색한 새로운 길은 대한민국이 직면한 청년 일자리 부족, 지방 소멸, 인구절벽이라는 복합적 위기를 넘어설 실질적 해법을 제시합니다.

"우리는 어떤 미래를 꿈꾸고 있는가?" 박성진 교수의 여정은 우리에게 묻습니다. 이 책은 그 질문에 대한 답을 찾고자 하는 모든 이들에게, 그리고 대한민국의 다음 퀀텀 점프를 준비하는 이들에게 의미 있는 징검다리가 될 것입니다.

- 김성진, 전 포스코홀딩스 사외이사·전 해양수산부 장관·전 중소기업청장

제가 중소벤처기업부 장관을 하면서 박성진 교수를 처음 만난 것은 포스코 벤처생태계 구축을 위해 1조 펀드 양해각서MOU를 맺을 때입니다. 그때 포항 체인지업그라운드 벤처밸리 투어를 했는데 그곳에 위치한 실용화연구소와 파일럿 플랜트는 다른 나라와 대학에서는 볼 수 없는 포스코-포스텍의 시너지가 물씬 느껴지는 유니크한 것이었습니다.

대부분의 스타트업들이 서울 수도권에 몰린 상황에서 포스코와 포스텍이 뿜어내는 열정과 창의력은 지리적 열세를 넘어서고 있었습니다. 박성진 교수는 그 중심에서 연결의 힘으로 존재하고 있었습니다. 이 책이 기반이 되어 기초연구에서 창업으로 그리고 공장까지 구축할 수 있는 포스코 벤처생태계가 다른 도시로 전파되길 기대합니다.

기술이 비즈니스의 씨앗이라면 기초연구는 씨앗을 키우는 토양, 물, 빛과 같은 것입니다. 포스코-포스텍의 시너지처럼 대한민국 미래를 이끌고 갈 젊은 벤처 기업가들을 정부, 대학, 대기업 등 국가의 전 역량을 동원해 토양, 물, 빛으로 새로운 씨앗이 발아될 수 있도록 총력을 기울여야 한다고 생각합니다.

- 박영선, 전 중소벤처기업부 장관

미·중이 기술패권을 다투는 가운데 대한민국의 미래에 대한 불확실성과 불안감은 나날이 커지고 있습니다. 이러한 상황에서 박성진 교수의 혜안과 통찰은 어두운 바다를 비추는 등대처럼 새로운 가능성을 펼쳐 보입니다. 저자는 포스코와 포스텍을 품고 있는 포항이라는 지역 생태계에서 퍼시픽밸리라는 글로벌 생태계의 꿈을 제시합니다. 대학, 기업, 지자체가 협력하여 대한민국 혁신 생태계의 질적 변환의 길을 열자고 말합니다. 이 모든 것의 출발은 같이 꿈꾸는 사람들의 공감과 연대에 있습니다. 저자는 이러한 꿈이 실현 가능한 미래임을 자신의 폭넓은 지식과 경험을 통해 설득하고 그 꿈에 도전하자고 말합니다. 이론과 철학이 역사적 통찰과 만날 때 폭발적인 힘을 갖습니다. 이 책을 읽다 보면 그의 열정과 충정에 대해 공감을 넘어선 경탄을 하지 않을 수 없습니다. 모든 독자가 혁신강국 대한민국의 미래를 만들고자 하는 저자의 꿈을 응원하고 함께하시길 바랍니다.

— 한정화, 한양대학교 교수·전 중소기업청장

저자의 깊은 통찰과 경험이 담긴 이 책은 희망만 말하지 않고 실행의 실제와 전략을 제시합니다. 4차 산업혁명 시대 산업의 미래방향성을 고민하는 모든 사람에게 강력 추천합니다. 이 책이 혁신을 촉진하고 새로운 성장 동력을 찾는 데 중요한 길잡이가 될 것이라 확신합니다.

— 신용규, 인바이츠생태계 회장

기업들이 앞다투어 미래 성장을 위한 신사업 발굴에 몰두하는 요즘 시대의 흐름을 읽고 혁신을 이끄는 분들과의 만남은 늘 큰 영감을 줍니다. 포스코 이사로 활동한 지난 몇 년간 저자와 자주 교류할 기회가 있었습니다. 그때 저자의 청년 인재 양성에 대한 뜨거운 열정과 실리콘밸리식 혁신 DNA를 우리 사회에 뿌리내리려는 확고한 비전에 깊은 감명을 받았습니다.

이 책은 포스코-포스텍을 넘어 격변하는 경영 환경에서 우리 사회 전체가 나아가야 할 방향을 제시하는 나침반과 같습니다. 저자는 벤처 창업의 본질과 핵심 성공 요인을 깊이 탐구하면서 직접 현장에서 부딪히고 고민하며 얻어낸 실질적인 조언을 합니다. 이를 통해 독자들은 벤처생태계를 기초부터 이해하게 될 것입니다. 특히 첫발을 내딛는 청년 창업가들에게는 귀중한 안내서가 될 것입니다. 저자는 실패를 두려워하지 않는 도전정신, 변화를 포착하는 날카로운 통찰력, 협력과 개방성을 강조합니다. 나아가 건강한 벤처생태계 조성을 위한 거시적 관점은 창업가와 기존 기업 모두에게 혁신을 받아들이고 새로운 가치를 창출하는 길을 보여줍니다.

이 책은 창업을 꿈꾸는 청년들에게는 꿈을 현실로 바꾸는 지침서가 될 것입니다. 이미 혁신의 길을 걷고 있는 분들에게는 새로운 영감을 선사하는 필독서가 될 것입니다.

- 이민호, 포스코 사외이사·법무법인 율촌 ESG연구소장

이 책은 포스코-포스텍-동문기업이라는 삼각편대가 쌓아 올린 포스코 벤처생태계를 경험한 저자가 이를 토대로 대학을 중심으로

하는 산학협력 기반의 창업생태계를 만드는 원리와 그 생태계로 들어갈 문을 열 열쇠를 잘 보여주고 있습니다. 변화하는 경제 환경에 맞추어 산학협력 분야에서 대학의 역할과 기능 강화를 모색하는 모든 분에게 큰 도움이 될 것입니다.

이 책은 벤처생태계만의 독특한 금융 공급 방식, 즉 자본이득과 분산투자의 원리, 청년 인재들이 벤처생태계에 몰리고 경쟁하는 이유, 실패를 자산으로 삼을 수 있게 만드는 생태계 구조 등에 대해 그 어떤 이론서보다 쉽게 설명하면서 깊은 이해로 이끕니다. 또한 기존에 이미 성장해 있는 기업들이 새로운 사업 영역을 모색하고 외부 협력을 강화해 나가기 위해 어떻게 창업생태계를 센싱 채널로 활용해야 하는지에 대한 가이드도 제공하고 있습니다. 벤처생태계를 공부하고 이해하려는 분들에게 매우 좋은 선물이 될 것이라 생각합니다.

- 오기웅, 중소기업중앙회 부회장·전 중소벤처기업부 차관

저자 박성진 교수는 학문, 지역 혁신, 산업 현장, 글로벌 무대를 넘나들며 경험을 쌓아 지역과 세계를 연결하는 가교 역할을 해왔습니다. 그는 축적된 전문성으로 포항을 대한민국을 넘어 세계로 향하는 혁신의 거점으로 발전시켰습니다.

실리콘밸리는 스탠퍼드대학교의 인재와 기업가정신을 기반으로 혁신의 중심지가 되었습니다. 마찬가지로 포항은 포스텍과 포스코라는 든든한 축을 바탕으로 '퍼시픽밸리'라는 새로운 모델을 만들어가고 있습니다. 이 책은 지역에서 시작된 혁신이 어떻게 국가와 세계로 확산될 수 있는지 생생한 통찰을 제공하며 더불어 지방 소멸 위기에 직면한 우리 사회에 귀중한 방향성을 제시합니다.
- **조봉업**, 지방시대위원회 기획단장

이 책을 통해 저자의 강연에서 단편적으로 접했던 내용들을 통합적으로 이해하는 계기가 되어 무척 기뻤습니다. 포스코와 포스텍에 대한 저자의 사랑, 박태준 회장과 김호길 총장에 대한 저자의 존경심도 글 곳곳에서 느낄 수 있었습니다. 미래 우리나라의 산업 발전과 경쟁력의 중심인 벤처생태계에 대한 심도 있는 고찰과 대안 제시에 공감하고 뜨거운 응원을 보내며 많은 분들과 이 책을 공유하고 싶습니다.
- **민병권**, 국가과학기술연구회 융합전략본부장

우리 사회는 활기를 잃고 있습니다. 회자되고 있는 '피크 코리아 Peak Korea'는 대한민국이 사회 경제적으로 정점을 지나 이제 쇠락의 길에 접어들었다는 심각한 경고일 것입니다. 이 책에 이런 어려운 환경에서 대한민국을 이끌 새로운 엔진을 찾기 위해 매진해온 박성진 교수의 열정과 노고가 녹아 있습니다. 그가 제안한 가치 창출 대학이 주도하는 창업생태계 구축은 우리가 마땅히 가야 할 길입니다. 대학과 벤처 관계자 그리고 정부 정책담당자들에게 일독을 권합니다.
- **김도연**, 전 포스텍 총장·전 교육과학기술부 장관

박성진 교수는 포항공대 1회 졸업생으로 당시 4년 동안 7학기 전체 수석을 하고 한 학기를 학과 수석밖에 못했다고 지도교수에게 핀잔을 들었던 인재입니다. 제 수업을 수강한 적이 있는데 예외 없이 압도적인 능력을 보여주었습니다. 이러한 배경으로 그는 교수나 대기업 임원으로 안정된 삶을 추구할 수 있었으나 그러지 않았습니다. 포항공대에서 석·박사과정을 수료하고 LG에서 다년간 산업현장을 경험한 후 스타트업을 창업했습니다.

우리가 미국에 있던 그를 모셔올 때는 그의 창업생태계 조성에 대한 열정, 방대한 지식, 확고한 의지 등을 알았던 것은 아니었습니다. 언급한 바와 같이 그의 뛰어난 연구 역량을 믿었기 때문입니다. 그가 어떤 계기와 영향으로 그러한 생각을 갖게 되었는지는 모릅니다. 그러나 그가 포스텍에 부임한 이후의 행보를 지켜보면서 실로 감탄할 수밖에 없었습니다.

그가 포항에서 이룬 업적은 매우 깊고 방대합니다. 벤처 불모지나 마찬가지였던 포스텍에 지금과 같은 분위기를 심어놓았으며 포스코, 지자체 등과 연계하여 투자, 인큐베이션, 인프라 건설 등을 통해 과거에는 상상할 수도 없는 벤처생태계를 포항시에 조성했습니다. 저는 박 교수가 이루어놓은 생태계의 수혜자로서 이곳에서 4건이나 창업을 할 수 있었습니다.

이 책에는 박성진 교수의 방대한 지식과 전체를 보는 안목, 과거 경험을 바탕으로 미래를 설계하는 능력들이 녹아 있습니다. '퍼시픽밸리의 시대가 온다'는 책 제목은 그저 하나의 구호가 아니라 매우 실현 가능하고 이미 상당 부분이 이루어지고 있다는 것을 느낍니다. 실리콘밸리를 능가하는 퍼시픽밸리, 얼마나 가슴 뛰는 일입니까!

- 조동우, 포스텍 기계공학과 교수·T&R 바이오 창업자

저는 없던 길을 만들어가는 이 대단한 사람의 동력이 항상 궁금했습니다. 이 책을 읽어보면 오랜 세월에도 변치 않은 꿈이 있었으며 그 꿈을 현실로 만들기 위한 망설임 없는 실행이 있었음을 알 수 있습니다. 그의 꿈인 퍼시픽밸리가 대한민국의 포항에서 이루어지고 훗날 이 책이 그 역사의 처음을 기록한 것이 되어 있길 희망합니다.

- 심재윤, 포스텍 전기전자공학과 교수

2013년 저는 미국에서 메타물질 연구로 박사학위를 받고 명문대 교수로 부임할 예정이었으나 우연히 찾은 포항에서 뜻밖의 결심을 하게 되었습니다. 세계적 연구 인프라를 갖춘 포스텍, 산업혁신의 플랫폼으로 성장한 포스코, 포항, 그리고 산학연이 긴밀히 협력하는 환경과 세계적 리더들과 함께라면 한국에서도 세계적 혁신을 이룰 수 있다는 확신이 있었기 때문입니다.

그 중심에는 이 책의 저자인 박성진 교수가 있었습니다. 그의 연구 성과, 교육 철학, 그리고 학교·연구소·산업체·정계를 넘나드는 리더십은 저에게 큰 영감을 주었습니다. 저는 그를 동료이자 스승으로 삼아 포스텍에서 10여 년간 연구에 매진하며 그 확신을 현실로 만들어갈 수 있었습니다. 2019년 제가 수행한 연구가 다보스포럼에서 '세계를 바꿀 10대 기술'로 선정되었습니다. 이제 포항산업과학

연구원RIST과 협력한 상용화 도전은 전 세계의 주목을 받고 있습니다. 철강의 도시 포항은 새로운 산업과 벤처생태계의 중심지로 변화하고 있습니다. 이는 곧 국가 주도의 발전을 넘어 기업과 대학이 주도하는 '혁신보국革新報國'의 길을 여는 첫걸음이 되고 있습니다. 이 책은 바로 그 여정과 비전을 담은 기록입니다.

- 노준석, 포스텍 기계공학과 교수

저는 산학연의 모든 지형을 걸어오며 수없이 많은 리더를 만났습니다. 그중에서도 박성진 교수는 도전정신으로 혁신을 이끌어가는 훌륭한 리더 가운데 한 분입니다. 창업가, 교수, 대기업 임원, 공직자의 봉우리를 넘나들면서도 중심을 잃지 않았고 그 중심에 벤처생태계를 구축함으로써 한국의 미래 경쟁력을 만들어왔습니다. 이 책이 포스텍 정신을 오늘의 현장에서 구현하는 든든한 지침서가 되기를 바랍니다. 그리고 이 책을 통해 교육-연구-제품-산업의 선순환이 다른 지역에서도 현실이 되기를 진심으로 바랍니다.

- 윤창원, 포스텍 교수·포항산업과학연구원RIST 연구소장

저는 이 위대한 여정에 직접 동참했던 한 사람으로서 이 책에 담긴 내용이 단순한 이론이나 계획이 아니라 생생한 현실임을 증언합니다. 포스텍 교수들과 학생들이 가진 연구 역량을 실제 사업으로 연결하고 포스코의 자원과 네트워크를 활용해 딥테크 벤처기업을 키워내는 과정은 기적에 가까웠습니다. 특히 포항에 '창업보육 거점'을 구축하고 1조 원 규모의 '포스코 벤처펀드'를 통해 젊은 창업가

들에게 기회를 제공하는 모습에서 대한민국 경제의 새로운 희망을 보았습니다.

이 책은 우리가 함께 이루어낸 도전과 혁신의 기록인 동시에 앞으로 펼쳐질 더 큰 기적의 예고편입니다. 이 책이 과거의 성공에 안주하지 않고 새로운 혁신을 향해 나아가는 분들에게 영감을 줄 것입니다. 이 위대한 여정에 동참하고 싶은 모든 분에게 강력히 추천합니다.

- **유주현**, 경북창조경제혁신센터 대표이사·전 포스텍기술지주회사 대표이사

세계 어느 곳에서든 벤처생태계는 정부, 대학, 기업가, 투자자 중 어느 하나가 주인일 수 없습니다. 종합적인 안목으로 구슬을 꿰어내는 역량과 헌신이 없이는 작동하지 않는 것 또한 성공적인 벤처생태계 조성에 숨겨진 원리입니다. 이 책은 벤처만이 살길이라는 확신으로 포스코 박태준 회장의 철강 신화를 포스텍 벤처생태계 조성으로 되살려낸 박성진 교수의 경험과 통찰을 담고 있습니다.

- **김영태**, 카이스트 기업가정신연구센터장·전 카이스트창업원장

박성진 교수는 말뿐만이 아니라 성과로 답해 왔습니다. 포항에 100여 개 기업과 1,100여 명의 일터를 만들고, 수도권에 본사를 둔 50여 개 기업을 유치했고, 포스코 벤처펀드를 통해 4,000억 원의 출자와 2조 8,000억 원 규모의 네트워크를 조성했습니다.

이 책은 저자가 품은 비전을 실천해온 여정을 담고 있습니다. 저자의

이야기가 많은 이들에게 희망과 용기를 전해줄 것이라 확신합니다.
- **고병철**, 포항공과대학교기술지주 대표이사

이 책은 스타트업을 빌드업하는 과정에서 필요한 체크리스트를 경영학을 전공하지 않은 사람들도 이해할 수 있도록 쉽고 명확하게 전달하고 있습니다. 다 읽고 나면 사업을 시작하려는 사람들은 어떻게 사업계획의 방향을 잡을지, 사업하는 사람들은 현재 사업을 점검할 수 있는 인사이트를 얻을 수 있습니다. 특히 장마다 적절하게 든 국내외 스타트업 사례는 재미도 있고 최근 사례여서 현실감 있게 와닿습니다. 가보지 않은 스타트업의 길을 걸어갈 때 든든한 동반자가 되어줄 것입니다.
- **정희훈**, 카이스트청년창업투자지주 대표

박성진 교수가 미국 MIT의 영감을 받아 꿈꿨던 '포스코보다 더 큰 동문 기업'이라는 비전은 포항을 중심으로 한 퍼시픽밸리가 어떻게 대한민국의 새로운 성장 엔진이 될 수 있는지 설득력 있게 보여줍니다. 박 교수는 급변하는 대외정세로 경제가 어려운 이 시기에 '혁신보국'의 정신을 되살려 벤처생태계의 중요성을 알리고 새로운 비전을 제시하고 있습니다.
- **황형주**, 포스텍 수학과 교수

이 책을 읽으면서 건조할 것이라는 제 예상이 깨지고 오랜만에 가슴이 벅차올랐습니다. 설레기도 했습니다. 가능성을 보았기 때문일 것입니다.

저자 박성진 교수는 벤처와 혁신에 진심인 사람입니다. 의대 쏠림이 만연한 사회에서 포항과 같은 과학기술 기반 벤처생태계를 전국에 만들어 '혁신보국'을 하겠다고 살아온 사람입니다.

그는 포항이 산학연이 잘 짜인 세계적인 벤처생태계로 탄생하기까지 혁신의 설계자이자 실행자로서 늘 그 중심에 있었습니다. 그러나 그의 꿈은 포항에 머물지 않습니다. 그의 꿈은 퍼시픽밸리라는 비전으로 진화하고 있습니다. 그는 포스코 벤처생태계가 대한민국 전체로 확산하기를 꿈꿉니다.

이 책을 통해 저자의 행보와 비전을 따라가다 보면 가슴이 뛰는 자신의 모습을 발견하게 될 것입니다. 잠들어 있는 모험정신과 도전의식이 다시 꿈틀거리게 될지도 모릅니다. 창업을 꿈꾸는 젊은 학도, 기업과 대학의 혁신을 꿈꾸는 리더, 각 분야의 당면 과제와 씨름하는 정책담당자라면 저자의 '꿈과 비전호號'에 동승하길 권합니다. 훌륭한 조타수가 되어줄 것입니다. 저자 박성진의 꿈은 우리의 꿈이며 그 꿈은 이루어질 것입니다.

– 성주영, LK 부회장·전 KDB산업은행 수석부행장

박성진 교수 삶의 궤적은 벤처생태계 그 자체를 관통하는 것이었습니다. 교육, 기술사업화, 창업, 혁신, 융합, 투자, 산업정책 등 벤처생태계의 모든 영역을 직접 경험하고 연구하고 다룬 분입니다. 박 교수는 이 책을 '혁신보국'으로 시작합니다. 이 책의 기저에 흐르는 지역사회와 세상을 향한 따뜻함과 자애심은 냉철한 주장들을 더욱 단

단하게 보강한다고 생각합니다.

- 이종배, 전 기술보증기금 전무이사

2019년 포스코-포스텍 벤처생태계를 준비하던 박성진 교수를 처음 만났습니다. 포스코의 역사, 미래 발전 방안, 벤처밸리와 벤처펀드 조성이라는 원대한 비전을 직접 들었습니다. 1회 입학생으로서 포스텍에 대한 애정, 받은 혜택을 사회에 환원하려는 고민, 벤처 창업과 투자를 통해 대한민국의 성장을 한 단계 끌어올리려는 열정을 느꼈습니다. 그날 박 교수와 나눈 대화는 아직도 생생합니다. 이후 포스코 벤처펀드 운용에 관여하면서 애초 예상을 넘는 창업 활성화와 기업 성장 등 값진 성과를 목격했습니다.

이 책에는 저자의 지식, 경험, 그리고 오랜 고민의 결과물이 집약되어 있습니다. 과거 역사와 벤처 선진국의 통계 사례 등을 바탕으로 우리가 나아가야 할 오픈 이노베이션에 대한 당위성을 설명하고 정책 과정에서 발생하는 이해관계자들의 갈등을 해결한 경험도 나눕니다. 교육, 기술 발전, 보육, 투자라는 단계적 발전 구조와 포스코, 포스텍, 방사광가속기연구소, 포항산업과학연구원이 함께 만들어가는 산학연 협력체계를 통해 다른 지역에도 적용 가능한 모델을 제시합니다. 단편적으로 습득했던 벤처생태계 지식을 종합적으로 정리한 하나의 교과서라 할 만합니다.

박성진 교수를 보유한 포스텍이 부럽습니다. 그의 꿈이 포항과 광양을 넘어 전국으로 확산하기를 진심으로 기대합니다.

- 용윤중, 한국벤처투자 준법실장

이 책은 단순히 한 지역의 발전 전략을 담은 기록이 아닙니다. 대한민국이 당면한 청년 일자리 창출, 혁신 성장, 지역 균형 발전이라는 복합적인 과제에 대해 저자가 지난 수십 년간의 경험과 치열한 고민을 토대로 실질적 해답을 제시합니다.

'벤처생태계는 오늘날 경제 분야에서 가장 중요한 시대정신'이라는 저자의 주장에 깊이 공감합니다. 실제로 벤처생태계는 국가경쟁력의 핵심이자 새로운 산업과 일자리를 창출하는 원동력이며 청년 세대에게 미래를 설계할 수 있는 무대가 되고 있습니다.

이 책이 대한민국 벤처생태계의 새로운 도약을 이끌 이정표가 될 것임을 확신합니다. 나아가 국가, 지역, 그리고 청년 세대가 함께 만들어갈 지속가능한 성장 모델의 길잡이로서 많은 독자들에게 방향을 제시해줄 것입니다.

- 정성인, 프리미어파트너스 창업자·전 벤처캐피탈협회장

이 책은 대한민국의 미래 혁신을 꿈꾸는 분들을 위한 필독서입니다. 저자는 학생으로서, 교수로서 포스텍에서 연구를 이어왔습니다. 그리고 포스코에서는 창업생태계를 설계, 구축하고 투자를 유치했습니다. 그가 지난 30년간 연구와 벤처 현장을 경험하며 다져온 혁신 생태계의 핵심 요소들을 이 책에 생생히 담아냈습니다. 새로운 미래 비전을 찾고자 하는 모든 청년에게, 그리고 지자체와 중앙정부에 많은 통찰을 줄 수 있는 저서라 생각하며 함께 의미 있는 해답을 찾아가기를 기대합니다.

- 지성배, IMM인베스트먼트 대표

이 책은 대학 중심 벤처밸리, 오픈 이노베이션, 산학연 선순환이라는 세 축을 국가 성장 엔진으로 엮은 실천 가이드라 할 수 있습니다. 전국적 모방, 확산, 재창조를 위한 구체적 해법이 담겨 있습니다.
— **윤희경**, 카익투벤처스 대표·전 슈로더코리아 코리아펀드 운용본부장

지역경제 활성화와 양질의 청년 일자리 창출을 위한 여정이 시작됐습니다. K-실리콘밸리이자 글로벌 벤처생태계 지원 허브인 포항의 퍼시픽밸리 이야기입니다. 포항제철 신화를 박태준 회장이 만들었다면 퍼시픽밸리 중심에는 박성진 교수가 있습니다.
이 책이 인구소멸을 걱정하는 지방자치단체, 벤처 관련 정부부처, 창업을 꿈꾸는 청년들에게 희망의 메시지가 될 것으로 기대합니다.
— **전규열**, 뉴시안 대표·서경대 경영학부 겸임교수·국회입법지원위원

이 책을 단숨에 읽어 나가면서 대한민국 산학연의 섭리를 통찰하는 벤처생태계 마스터플랜을 발견했습니다. 누구나 벤처생태계를 얘기할 수는 있습니다. 하지만 뼛속에 새겨진 애국심과 포스코-포스텍을 향한 타오르는 열정으로 자신의 인생 중후반부를 바쳐 벤처생태계의 설계도를 제시할 수 있는 사람은 찾기 어렵습니다. 박성진 교수가 포스코와 포스텍의 바탕에서 그리는 벤처생태계는 대한민국의 재도약에 어마어마한 잠재력과 성장 추력이 될 것입니다. 대기업, 벤처기업, 사회업 모두가 상생할 수 있는 멋진 미래입니다.
— **박종훈**, 뉴로메카 대표이사

이 책은 우리나라가 처해 있는 현재의 산업 구조를 넘어 새로운 도약을 이루기 위해 벤처기업을 어떻게 육성해야 하는지에 대한 저자의 철학과 깊이 있는 고찰을 담고 있습니다. 나아가 벤처기업이 성공적으로 성장할 수 있는 방향성을 제시하고 있어 창업을 준비하거나 도전하는 모든 분에게 값진 길잡이가 될 것입니다. 창업을 꿈꾸는 분들에게 반드시 일독을 권합니다.
- **하승철**, 센코 대표이사

이 책은 단순한 미래 전망서가 아닙니다. 우리가 어떤 철학을 품고 어떤 생태계를 만들어가야 하는지에 대한 길잡이이자 더 나은 세상을 향한 희망의 초대장입니다. 동시에 지금 우리가 서 있는 자리에서 어떤 실천을 시작해야 하는지 질문합니다. 저는 이 책이 독자 여러분에게 깊은 울림과 함께 행동의 용기를 선물하리라 믿습니다.
- **노상철**, 에이엔폴리 대표

일찍이 청암 박태준 회장은 포스코를 통한 '제철보국'과 포스텍을 통한 '교육보국'을 이루어냈습니다. 이런 토대 위에 벤처생태계를 만들어 '혁신보국'을 이루어내는 일이 시대정신이라는 저자의 소명의식에 제 가슴이 요동칩니다. 특히 이 책은 벤처생태계의 태동부터 성공에 이르는 전 과정에 대한 통찰은 물론이고 왜 우리가 지금 벤처생태계를 구축해야만 하는지를 명쾌하게 설명하고 있습니다. 게다가 포스코, 포스텍, 산업과학연구원이 있는 포항이 디지털 대전환의 시대에 퍼시픽밸리의 최적지로서 대한민국 경제의 새로운 엔진이 되어야 하는 필연성을 다양한 사례와 성과를 들어 설득합니다.

개인적으로 포항의 미래는 벤처밸리의 성공에 달려 있다고 확신하기에 포항시와 포항시민들의 역할 또한 매우 중요하다고 강조하고 싶습니다. 이 책을 통해 경제도시 포항의 부활, 더 나아가 대한민국 경제의 부활을 꿈꾸게 되어 가슴이 벅찹니다.

- 문충운, 환동해연구원 원장

박성진 교수는 이 책에서 4차 산업혁명 시대의 새로운 성장 모델을 제시합니다. 이는 포스텍과 포스코가 중심이 되어 포항을 한국판 실리콘밸리인 '퍼시픽밸리'로 만들어 국가의 미래를 위한 혁신과 창업생태계를 구축하겠다는 탁월한 비전입니다.

- 유도근, 영남경제신문 부사장

이 책이 특별한 이유는 혁신의 이론과 철학을 담론에 머물게 하지 않고 포항이라는 한 지역에서 어떻게 현실로 구현되는지를 생생히 보여준다는 점입니다. 또한 벤처생태계가 지역경제를 활성화하고 교육과 청년 창업을 통해 국가의 성장을 지속적으로 견인할 수 있음을 구체적인 사례와 통찰로 증명합니다.

혁신을 꿈꾸는 기업가와 미래를 설계하는 청년을 비롯하여 국가의 지속가능한 발전을 고민하는 모든 분에게 강력히 추천합니다. 혁신의 철학, 실천, 그리고 시대정신이 어우러져 있습니다. 이 책은 대한민국의 미래를 함께 만들어갈 이들에게 반드시 필요한 길잡이가 될 것입니다.

- **장영균**, HK그린 대표·포항벤처밸리기업협의회 회장

퍼시픽밸리의 시대가 온다

퍼시픽밸리의 시대가 온다
스타트업 혁신도시 포항에서 세계로

박성진 지음

서문

퍼시픽밸리를 꿈꾸다

나는 포스텍 1회 학생으로 1987년 3월에 입학하면서 포스코 가족의 일원이 되었다. 그 이후 포스코 지원으로 9년 동안 포스텍 캠퍼스에서 학문을 배웠다. 1991년 2월에 1회 학부 졸업생 중 수석 졸업의 영예를 얻었고 1996년 2월에는 공학 박사학위를 받았다. 2000년 포스텍 기계공학과 선후배들과 벤처기업을 창업했고 2001년 미국 펜실베이니아주립대학교 G교수와 협력 계약으로 미국으로 건너갔다.

8년 동안 미국 대학의 교육, 연구, 벤처 시스템을 경험하면서 내가 하던 벤처기업보다 더 큰 꿈을 꾸게 되었다. 나는 당시 MIT를 보면서 깊은 인상을 받았다. MIT는 교수들이 받은 90개가 넘는 노벨상보다 동문 기업들의 엄청난 시가총액을 내세웠다. 그때 우리나라 전체 기업의 시가총액과 맞먹는 2,500조 원으로 세계 9위 경제권이라는 것을 크게 홍보했다. 거기서 나는 포스텍의 미래를 보았다.

'포스코보다 더 큰 동문 기업'

미국에서 돌아와 2009년 포스텍 교수로 부임하면서 그 비전을 실행하고 싶었다. 첫 노력으로 '벤처기업 소개' 과목을 개설했다. 이 강의를 시작으로 동문 기업, 동문 벤처캐피털, 동문 변호사와 변리사 등을 만났다. 이후 연구부처장, 산학처장, 포스텍기술지주회사 대표이사 등을 거치면서 포스텍의 산학협력시스템과 벤처생태계를 구축해 나갔다. 이 과정에서 포스텍의 조직과 예산 등을 접하면서 대학시스템을 이해하게 되었다. 또한 동문들과 교류하면서 300여 개의 동문 기업이 이미 존재한다는 사실도 알게 되었다. 이들 중에는 상장되거나 인수합병된 기업이 30여 개가 넘었다.

내가 예상했던 것보다 포스텍 동문 기업의 규모나 성장은 상당했다. 전체 동문 기업의 시가총액이 15조 원을 넘었다. 1,000억 원대 이상의 자산을 가진 동문은 15명이 넘었다. 당시 동문 기업을 분석해보니 50%가 IT 기업이었고 30%가 바이오 기업이었다. 그런데 포스텍 동문기업과 포스코와의 연계가 전무했다. 자연스럽게 '왜 포스코는 이런 포스텍을 전략적으로 활용해 IT와 바이오사업을 하지 못하는 걸까?'라는 의문이 생겼다. 이 의문은 이후 포스코에서 일할 수 있는 근거가 되었다.

포스텍 벤처생태계는 스스로 물음을 던지고 해답을 구하는 과정과 다양한 경험이 덧대지면서 구체적인 성과들과 함께 구축되었다. 이 성과들로 2017년 중소벤처기업부 장관 후보자로서 지명되었고 이때 국가 행정과 국회 등 정부 시스템을 경험하면서 고위공무원 및 정치인과 네트워크를 갖게 되었다. 이 네트워크가 후에 포스코에서 일할 때 큰 도움이 되었다.

포스텍에서 벤처생태계를 구축한 덕분에 포스코가 청년 일자리 창출을 목표로 벤처생태계 구축을 기획할 때 그 책임을 맡게 되었다. 2019년부터 포스코 산학연협력실장으로 5년간 40여 명의 유능한 포스코 직원들과 1조 원의 벤처펀드 예산으로 포스코와 포스텍 간 산학협력을 기반으로 한 벤처생태계를 구축했다. 이때 포스코의 조직과 예산 등 경영 시스템을 경험했고 포스코 임직원 네트워크를 갖게 되었다.

또한 지역 경제 활성화를 위해 경상북도와 포항시 그리고 전라남도와 광양시와 긴밀한 협력을 통해 지자체 시스템을 경험하면서 지역 정치인과 공무원 네트워크도 갖게 되었다. 포스코에서 5년간 4,000여 억 원을 출자해 2조 8,000억 원 규모로 25개 국내외 펀드를 조성하고 1,500여 개의 벤처기업에 투자하면서 국내외 최상위 벤처캐피털과 벤처기업들과 네트워크를 구축했다.

나는 포스텍과 포스코가 만드는 벤처생태계와 창업생태계를 처음부터 지켜보고 주도하는 행운을 누렸다. 1991년 석사 과정을 시작으로 30년 이상 연구 분야에 몸담았고 선후배들과 벤처기업을 창업한 2000년부터 벤처기업과 인연을 맺었다. 그리고 포스텍 교수로 부임한 2009년부터 17년간 포스텍과 포스코, 국내외 벤처투자자와 벤처기업, 중앙정부와 지방정부 등과 협력하면서 벤처생태계의 네트워크를 체득했다. 이를 바탕으로 철학과 정책들을 만들었다. 포스코와 포스텍을 중심으로 한 벤처생태계를 통해 근무 인원 1,100명이 넘는 100여 개 기업들로 이루어진 창업생태계가 경북 포항에 구축됐다.

현재 수도권에서 12개 기업의 본사를 포함해 50개가 넘는 기업이 포항으로 내려와 300여 개의 새로운 일자리가 만들어졌다. 이러한 성과는 더 큰 꿈을 키우게 했다. 바로 '경북 포항 퍼시픽밸리 Pacific Valley'라는 꿈이다. 그동안 쌓은 경험과 성과를 바탕으로 대학과 기업 간 산학협력과 연구개발 기반의 벤처생태계를 많은 사람과 공유하는 기회를 만들고 싶다. 경북과 포항뿐만 아니라 대한민국 미래가 바뀔 수 있기 때문이다.

나는 이 책을 통해 우리나라의 산학협력, 벤처생태계, 지역 경제 활성화의 미래 방향을 제시하고자 한다. 또한 청년 일자리, 지방소멸, 인구절벽 등 복합적인 위기를 극복할 수 있는 방안을 퍼시픽밸리를 통해 함께 모색하고 싶다. 이 과정을 포스코, 포스텍, 포항뿐만 아니라 여러 지자체와 기업이 함께해 대한민국이 또 한 번 퀀텀 점프의 기적을 맞이할 수 있기를 바란다.

포스텍 연구실에서
박성진

차례

서문 • 4
퍼시픽밸리를 꿈꾸다

1장 혁신보국의 플랫폼 포스코와 포스텍 • 11

1. 포스코와 포스텍의 혁신보국 벤처생태계 • 13
도전과 혁신의 포스코와 포스텍 정체성 • 13 | 포스텍 정신으로 마음을 모아 만든 생태계 • 15

2. 국내 최초 연구 중심 대학 포스텍 • 19
우향우 정신과 목욕탕 경영 철학 • 20 | 포스코 철학과 포스텍의 성공 • 23 | 다시 태어나는 박태준들 • 28

3. 포스코의 정체성 • 30
포스코의 위대한 유산과 무거운 발걸음 • 31 | 국가 산업 전략과 포스코의 탄생 • 36 | 다시 시대의 해답이 돼야 하는 포스코 • 38

2장 벤처생태계 작동 원리 • 43

1. 학교와 연구의 태동과 벤처생태계의 탄생 • 45
학교의 태동과 수량화 혁명으로 시작된 과학혁명 • 45 | 연구의 태동과 기술혁신 시스템화로 성숙한 과학혁명 • 49 | 혁신기술의 사업화로 완성되는 과학혁명 • 51

2. 벤처생태계의 구조와 작동 원리 • 54
기술사업화로 탄생하는 벤처생태계 • 55 | 자본이익과 분산투자로 자금 확보 • 59 | 인재 전쟁의 중심이 된 벤처생태계 • 61

3. 시대정신인 벤처생태계 • 65
국가의 새로운 경제 엔진 • 66 | 교육으로 성장한 대한민국 • 70 | 대학 중심 벤처밸리의 혁신 • 74 | 오픈 이노베이션의 시대정신 • 78 | 연결의 힘으로 바꾸는 패러다임 • 86

4. 혁신의 이론과 철학의 힘 • 93
개인의 위대성이 혁신의 시작점 • 94 | 혁신적인 비즈니스 모델과 문화 • 102 | 복잡계 시대에 대기업의 센싱채널 • 105

5. 벤처생태계와 대기업의 변화 • 107
최고기술책임자의 역할과 위상 변화 • 108 | 연구와 사업을 잇는 연구개발 • 112

6. 벤처생태계의 추진력 • 116
금융자본이 설계하는 벤처생태계 • 117 | 청년 기업가정신이 만든 새로운 질서 • 121 | 관대함이 만든 새로운 성장 방식 • 125 | 데이터 기반의 IT 벤처생태계 • 128 | 데이터가 이끄는 새로운 시대 • 132 | 기획·창업 바이오 생태계의 부상 • 138 | 파운드리 개념의 제조업 벤처생태계 • 141

3장 포스코 벤처생태계 • 143

1. 포스코 벤처생태계의 구조　• 145
포스코 벤처생태계의 준비 • 146 | 포스코 벤처생태계의 정신 • 148 | 교육과 연구가 만나는 혁신 플랫폼 • 151 | 포스코가 만든 벤처 창업의 엔진 • 154 | 포스코의 벤처 생태계 파이프라인 • 157

2. 포스텍과 포항산업과학연구원의 역할　• 159
벤처생태계와 글로벌 경쟁력을 위한 교육 혁신 • 160 | 포스코형 산학연 생태계와 융합 연구 혁신 • 168 | 연구와 사업을 잇는 인터페이스의 사업화 혁신 • 181

3. 포스코가 만드는 초격차 벤처생태계　• 186
유기적으로 진화하는 딥테크 창업생태계 • 187 | 인큐베이팅센터 체인지업그라운드 구축 • 189 | 실용화 중심의 인큐베이팅 콤플렉스 • 197 | 투자로 생태계를 디자인하는 포스코 벤처펀드 • 205 | 유니콘을 키우는 포스코 신사업 체계 • 215

4. 포스코 벤처생태계 성과　• 218
실험이 현실이 된 포스코 벤처밸리 • 220 | 수익률로 증명된 포스코 벤처펀드 • 226 | 국경을 넘나드는 퍼시픽 밸리 생태계 • 228 | 포스코 생태계 전략 자산인 센싱채널 • 229 | 벤처생태계가 만든 지역 경제 활성화 • 234

나가는 글　• 241
혁신의 뿌리를 심다

1장

혁신보국의 플랫폼 포스코와 포스텍

모든 일은 사람을 통해 이루어진다. 가정과 학교와 사회에서 교육의 궁극적인 목표는 이제까지 이루어온 성과를 기반으로 공동체의 미래를 위한 한 사람 한 사람의 인격을 만들어내는 것이다. 그래서 역사를 이해하는 매우 중요한 방법으로 지도자의 성장 과정을 살펴본다. 어린 시절부터 어떤 환경에서 어떻게 인격을 형성해갔는지를 분석해서 참고한다.
한 시대에 많은 사람의 마음을 모은 지도자의 인격 형성 과정은 그 시대를 반영하는 단면으로 생각할 수 있다. 많은 사람의 마음을 모으기 위해 우선 대학교수로서, 대기업 임원으로서 나는 왜 벤처생태계를 구축하고 싶어 하는지 스스로 생각해보았다. 그 이유는 내가 경험하고 느낀 포스코와 포스텍의 유산이다. 이는 분명 다른 지역의 기업과 대학에도 적용할 수 있으리라!

1
포스코와 포스텍의 혁신보국 벤처생태계

'나는 왜 이 일을 하려고 하는가?'

포스텍 벤처생태계를 시작할 때 떠올린 물음이다. 여러 동문의 마음을 모으려면 우선 이 질문에 대답할 수 있어야 했다. 가장 먼저 생각난 것은 내가 물려받은 정신 유산이었다. 포스텍의 정신을 설득의 논리로 정리하면 많은 동문의 마음을 모으는 가교의 역할을 할 수 있을 듯했다.

도전과 혁신의 포스코와 포스텍 정체성

나는 포스텍과 포스코로부터 가장 큰 혜택을 받은 사람이다. 포스텍은 내가 학부 4년, 석사 2년, 박사 3년 동안 공부할 때 전액 장학금을 포함한 최고의 교육 환경을 제공했다. 지금 가치로 환산하면 수억 원에 해당한다. 나는 박사학위를 받은 후 LG전자 연구원, 벤처 기업 최고기술책임자CTO, 미국 대학 연구원과 연구교수로 13년 재직한 뒤에 2009년부터 모교인 포스텍 교수로 부임했다. 포스텍 교수로 10년간 재직하다가 포스코 임원으로 5년을 근무했다. 이렇게 나는 포스텍과 포스코로부터 교육적, 경제적으로 큰 혜택을 받았다.

나는 포스텍 1회 학생으로 선배가 없었으므로 사회에서 오직 실력으로만 승부해야 했다. 박사학위 후 포스텍을 떠나 서울대학교와 MIT 출신들과 경쟁하면서도 한 번도 실력이 부족하다는 생각을 한 적이 없었다. 이는 내가 포스텍에서 최고의 교육을 받았다는 것을 증명하는 게 아닐까? 제자들을 최고 수준으로 가르쳐 주신 스승들께 깊이 감사드린다. 하지만 이것이 내가 포스텍으로부터 받은 가장 큰 자산일까? 지식은 어느 대학에 가서도 열심히 하면 얻을 수 있을 것이다. 포스텍에는 내가 다른 대학에서는 배울 수 없는 소중한 자산이 있다. 그것은 바로 포스텍 정신이다. 또한 포스코에서 임원으로 근무하면서 진지하게 고민했던 포스텍의 정신과 연결된 포스코의 정체성이 있다. 포스텍과 포스코에서 받은 교육은 역사의 우물에서 길어 올린 생명수였다. 이 생명수가 한 사람 한 사람의 인격을 뿌리가 깊이 내린 큰 나무로 자라나게 한다.

이러한 혜택과 정신 덕분에 나는 포스코와 포스텍을 깊이 사랑하게 됐다. 이러한 애정이 지금까지 내가 했던 모든 것의 동력이 됐다. 포스코와 포스텍이 최고의 기업과 대학으로 발전하는 데 공헌하고 싶다는 소원을 갖게 했다. 유홍준 교수의 『나의 문화유산답사기』에 나오는 유명한 글귀인 '사랑하면 알게 되고 알면 보이나니 그때 보이는 것은 전과 같지 않으리라.'라는 문장처럼 포스텍과 포스코는 갈수록 달라 보인다. 내가 벤처생태계 구축을 말하기에 앞서 포스텍과 포스코의 정체성을 말하려는 이유가 여기에 있다. 단지 두 기관의 역사를 나열하는 게 아니라 늘 새로운 도전과 혁신을 할 수 있었던 동력을 찾고 공유하기 위해서다. 이처럼 다른 기업과 대학 혹은 지자체와 정부도 성장과 성공의 뿌리를 찾아 키우는 작업이 필요하다. 그래야 모든 구성원과 이해관계자가 동일한 꿈을 향해 함께 갈 수 있기 때문이다.

포스텍 정신으로 마음을 모아 만든 생태계

'포스코보다 더 큰 동문 기업을 키우자!'

2009년 모교 교수로 부임하면 꾼 꿈이다. 이 꿈의 실현이 포스텍 공학 교육의 성공 지표라고 생각했다. MIT나 스탠퍼드대학교와 같이 성공한 동문 기업이 포스텍을 지원할 수 있어야 포스텍이 영속적으로 발전할 수 있다.

나는 포스텍 벤처생태계를 조성하기 위해 2010년부터 동문 기업 모임, 동문 벤처캐피털 모임, 동문 변호사·변리사 모임을 조직했다. 교육과 연구는 포스텍 내부 역량으로 가능하다. 하지만 창업 생태계는 포스코, 동문 기업, 동문 벤처캐피털, 동문 변호사와 변리사 등의 역량이 필요했다.

비영리기관인 대학이 영리 활동인 벤처생태계를 구축하기 위해서는 영리기관인 포스코를 비롯해 동문 기업과 반드시 협력해야 한다. 이 활동을 하면서 서울대학교와 카이스트 등 타 대학들이 동문 기업, 동문 벤처캐피털, 동문 변호사와 변리사와 어떻게 협력하는지 살펴보았다. 포스텍보다 역사가 더 깊은 그들은 더 큰 규모의 동문 기업, 동문 벤처 캐피털, 동문 변호사와 변리사 목록을 갖추고 있었다. 하지만 대학 중심의 활동은 미미했고 대부분 개인기 중심으로 개별 기업의 발전을 추구하는 것으로 파악됐다.

나는 왜 그런지 이유를 고민했다. '수많은 동문을 하나로 묶을 수 있는 대학 중심의 공동체 정신이 약하기 때문이 아닐까?'라는 의문이 이어졌고 그 의문은 나에 대한 질문으로 되돌아왔다. '나는 왜 이 일을 하고 싶어 하나?' 하고 자문했다. 곰곰이 생각해 보니 앞서 말한 바와 같이 포스코와 포스텍으로부터 가장 큰 혜택을 받은 사람으로서 포스코와 포스텍의 발전에 조금이라도 공헌하고 싶은 마음이 컸다. 포스텍 초창기를 보낸 동문들도 나와 비슷한 생각을 가졌을 것으로 짐작했다. 그러자 그 생각을 한데 모을 수 있는 게 무엇인지 고민하게 됐다.

'포스텍 동문들을 하나로 묶어줄 공통분모가 있지 않을까?'

그 공통분모는 바로 '포스텍 정신Spirit of Postech'이었다. 내가 생각하는 포스텍 정신은 '나라를 사랑하는 마음' '현재에 안주하지 않는 도전 정신' '본질에 충실한 순수성'이다. 이 포스텍 정신은 박태준 회장을 중심으로 하는 포스코 정신을 기반으로 한다. 김호길 포스텍 초대 총장이 이 정신을 적극적으로 포스텍에 투영했다.

포스텍은 설립 당시 포스코로부터 큰 지원을 받았다. 비단 물질적인 지원뿐만 아니라 앞서 말한 포스코 정체성까지 전달한 덕분에 동문들이 공유하는 포스텍 정신이 갖춰졌다고 볼 수 있다. 이 정신은 나뿐만 아니라 수많은 포스텍 동문이 공유하고 있다. 뿌리가 같은 포스텍 정신과 포스코 정체성은 두 기관의 유기적인 관계를 더욱 강하게 구축했다. 그래서 포스코, 포스텍, 포항산업과학연구원의 산학연 협력을 기반으로 한 벤처 플랫폼을 구축할 수 있었다. 나는 500여 명의 동문들을 한 사람 한 사람 만나서 동문 기업 모임, 동문 벤처캐피털 모임, 동문 변호사·변리사 모임 등을 조직했다. 이들의 마음을 모으기 위한 가교로서 포스텍 정신을 적극적으로 어필하며 설득했다.

"우리가 포스텍과 포스코에서 받은 혜택을 갚을 수 있도록 창업생태계를 만들어서 포스텍 교육이 성공했다는 것을 함께 증명합시다. 포스코보다 더 큰 동문 기업이 나올 수 있도록 포스텍 중심의 창업생태계를 만들어 박태준 회장님과 김호길 총장님께 정말 좋은 학교를 만들어주셔서 감사하다는 마음을 전합시다. 이를 통해서 우리가 가진 포스텍 정신을 후배들에게 물려주는 것이 초창기 큰 혜택을 받은 우리의 사명이 아니겠습니까?"

이에 많은 동문이 감동하고 동참해 현재 500명이 넘는 동문들이 함께 벤처생태계를 만들어가고 있다. 포스텍 정신과 포스코의 정체성이 빚은 성과다. 교육 사업은 긴 시간이 걸리지만 성공하면 가장 큰 충성심을 심을 수 있는 분야다. 포스텍에 대한 소속감은 포스텍 1회 입학자이자 졸업자인 내 정체성 중 가장 큰 부분을 차지하고 있다. 포스텍 역사의 현장에서 보고 듣고 경험하면서 이러한 정체성이 만들어졌다.

2
국내 최초 연구 중심 대학 포스텍

나는 학생으로 또 교수로 포스텍과 인연을 맺으면서 긴 시간 동안 포스텍에 대한 이해가 쌓였다. 마침 이러한 이해를 체계적으로 정리할 기회가 생겼다. 2021년 박태준 회장 서거 10주년 추모 강연의 강사로 포스텍에서 초청을 받았다. 대학 초청이었기 때문에 '국가의 위대한 스승'이라는 관점에서 박태준 회장을 생각하면서 포스텍의 역사를 정리하게 됐다.

이 강연을 준비할 때 핵심 주제를 세 가지 꼽았다. 제철보국, 교육보국, 혁신보국이다. 포스코는 제철보국의 경영 철학으로 설립돼 성공했다. 그 성공의 씨앗을 가지고 교육보국의 철학으로 포스텍을 설립했고 또다시 성공의 과실을 얻었다. 포스텍의 성공으로 이제 세계적인 벤처생태계 구축을 통한 혁신보국이라는 새로운 성공에 도전한다. 이러한 나라 사랑의 비전을 담은 도전과 열정과 순수라는 정신적인 기반이 포스코와 포스텍을 지탱하고 있다.

나는 '박태준 회장이 뿌린 씨앗들이 큰 나무로 자라나서 대한민국을 넘어 전 세계로 영향력을 키우며 이제 울창한 숲을 형성해가고 있다.'는 것을 일깨우고 싶었다. 그리고 이 숲을 만드는 과정은 다음 세대를 위한 결실로 이어진다는 것을 소개하고 싶었다.

우향우 정신과 목욕탕 경영 철학

"이것이 우리나라 근대화의 기둥이구나!"

나도 모르게 감탄사가 나왔다. 내가 1987년 3월 포스텍에 입학했을 때다. 포스코는 1회 입학생 전부를 회사로 초대했다. 그때 처음 포항제철소를 가봤다. 여의도 면적의 3.3배로 끝없이 펼쳐진 공장의 규모에 압도됐다. 광양제철소는 여의도 면적의 5배라고 하니 어마어마한 규모다. 제철소의 위용에 압도돼 견학을 이어가는데 용광로에서 나온 쇳물로 만들어진 열연강판이 지나갔다. 이때 어마어마한 열기를 느끼면서 그 남성적인 에너지에 전율했다.

그때의 전율은 지금도 생생하게 기억난다. 당시 포항제철소는 우리나라 기간산업의 상징이기도 했다. 그때 한국에서 소비되는 에너지의 10%를 사용한다고 전해 들었을 때는 저절로 고개가 끄덕여졌다. 포스코에는 'Park1538'이라는 홍보관이 있다. 철의 녹

는점이 1,538도다. 온도를 1,600도까지 올려서 쇳물을 만들고 이후 냉각해서 강판을 만들 때 엄청난 에너지를 사용한다. 이러한 사실을 그때 책의 지식이 아니라 현장의 경험으로 느꼈다.

이날 홍보 비디오를 시청했는데 우리나라 근대화 역사의 생생한 현장을 보는 듯했다. 포항제철소는 일제 강점기 때 흘린 선조들의 핏값을 대가로 받은 배상금인 대일청구권자금으로 건설했다. 그래서 실패하면 역사의 죄인이 되는 거고 그렇게 되면 모두 우향우해서 영일만에 투신한다는 박태준 회장의 '우향우 정신'은 지금도 잊히지 않는다. 또 부실 공사라는 이유로 공정 80%가 진행된 공장을 폭파하는 장면도 인상적이었다.

후진국 대열에서 벗어나지 못했던 시절이다. 전 세계가 한국은 제철소를 성공시킬 수 없다는 부정적인 예측을 했다. 그러나 보기 좋게 그 예측을 뒤집고 성공시킨 제철보국의 위대한 도전이었다. 자원도 기술도 자본도 없는 대한민국이 세계 1위와 2위의 제철소인 광양제철소와 포항제철소를 갖게 됐다. 현재 세계 자동차 10대 중 1대가 포스코 강판을 사용하고 있다.

제철소를 견학하고 나니 그제야 포항제철소 정문에 쓰여 있는 '자원은 유한, 창의는 무한Resources are limited, Creative is unlimited.'이라는 문구가 새삼 감동스러웠다. 이 문구 자체가 포스코의 역사를 말해주고 있다.

포항제철소는 갓 지을 때부터 이미 생태계를 염두에 두었다. 달랑 공장만 지은 게 아니다. 포항제철소를 건설하기 전에 고급 인력을 확보하려고 주택과 학교를 포함한 주거 구역을 먼저 조성했다. 이렇게 주거와 교육이라는 안정적인 근무 환경을 마련한 것은 당시로는 보기 힘들었다. 이러한 생태계 조성은 최고 인력의 확보와 지역 경제 활성화로 이어졌다. 현재 포스코는 포항, 광양, 인천에 유치원부터 대학원까지 전 과정의 13개 교육기관을 보유하고 있으며 최고 수준의 교육 프로그램으로 운영하고 있다. 포항제철소의 성공으로 포항은 5만 명의 어촌 도시에서 50만 명의 중견 도시로 성장했다. 또한 포스코의 교육 사업으로 포항은 국내 최고 수준의 교육도시가 됐다.

박태준 회장은 '교육은 사람을 만드는 사업'으로 생각하고 제철학원을 우리나라 교육의 등불로 만든 위대한 교육자이기도 했다. 포스텍 캠퍼스에는 박태준 학술정보관, 박태준 회장의 호를 따라 명명한 청암로 등 교육자로서 박태준 회장의 흔적을 여러 곳에서 만날 수 있다. 포스텍은 국내 최초 연구 중심 대학이라는 이름으로 시작됐다. 그런데 1회 입학생들이 처음 접한 포스텍 캠퍼스는 청소 중심 대학, 조경 중심 대학이라는 우스갯소리가 나올 만큼 너무나 깨끗한 공간이었다.

이렇게 된 이유는 박태준 회장의 목욕탕 경영 철학 덕분이었다. 태평양전쟁 와중에도 깨끗한 일본 가정을 보고 배운 것이라고 한다. 이때의 경험은 깨끗한 환경에서 맑은 정신이 나오고 맑은 정신이어야 좋은 결정을 내릴 수 있으며 생산성이 향상된다는 경영 철학으로 발전했다. 그 경영 철학은 교육에도 영향을 미쳐 학문을 공부하는 공간과 면학 분위기 조성에 부족함이 없도록 했던 것이다.

포스코 철학과 포스텍의 성공

포스텍 성공의 첫 단추는 우수한 1회 입학생들의 포스텍 지원이다. 1회 입학생들은 왜 포스텍을 선택했을까? 나는 포스코와 박태준 회장에 대한 믿음이 작용했으리라고 짐작한다. 그러나 걱정이 아예 없었던 것은 아니었다. 역사가 전혀 없는 신생 대학에 도전한 1회 학생들이 당시 기숙사에서 나눈 고민 중 하나는 포스텍의 미래에 대한 막연한 불안이었다. 학생들 사이에는 '과연 포스텍은 성공할 수 있을까? 다른 기업이 만든 대학들처럼 평범한 대학이 되지 않을까?'라는 고민이 종종 대화의 주제로 올라왔다.

하지만 포스텍은 이러한 걱정을 털어내고 크게 성공해 대한민국의 이공계 교육에 큰 공헌을 했다. 무엇이 포스텍을 성공하게 만들었을까? 나는 포스텍의 성공 요인을 도전과 열정, 실력 양성, 시대정신에 맞는 비전, 본질에 대한 충실과 순수 이렇게 네 가지로 정리하였다.

첫 번째 성공 요인은 도전과 열정이다. 초대 김호길 총장은 상위 2%가 국가를 이끌어가는 지도자라는 분석에 근거해 당시 학력고사 상위 2%에 드는 학생만 지원할 수 있도록 제안했다. 60여 명의 교수들은 지방 신생 대학에 첫해 신입생 기준으로 가능하겠냐는 부정적인 의견이 대다수였다고 한다. 하지만 김호길 총장은 단 한 명만 지원하더라도 그 학생만 입학시켜 가르치겠다고 자신의 뜻을 확고하게 주장했다. 한편 박태준 회장은 김호길 총장의 뜻이 자신의 뜻이라며 총장의 제안을 지지했고 지원자가 한 명도 없더라도 교수들이 세계적인 연구를 할 수 있도록 지원하겠다고 독려했다.

교수와 직원들은 전국을 30번 이상 다니면서 학교를 홍보했다. 입시 때가 되자 김호길 총장도 큰소리를 쳤지만 결과는 알 수 없었기에 시간마다 입시 지원율을 확인했다. 결과는 2.18대 1이라는 기적과 같은 지원율이었다. 이에 박태준 회장은 그날 저녁 모든 교수를 영빈관에 초대했고 입구에서 김호길 총장과 함께 교수 한 사람 한 사람과 모두 악수하며 "정말 수고하셨습니다."라고 격려를 아끼지 않았다고 한다. 이에 물리학과의 한 교수가 눈물을 흘리며 "나를 이렇게 인정해주는 지도자가 있다면 최선을 다해서 포스텍을 발전시키고 싶습니다."라고 고백했다고 한다. 포스텍에는 초기에 이런 마음을 끌어낼 수 있는 지도자들이 있었다.

또 다른 도전은 방사광가속기 건설이었다. 김호길 총장은 박태준 회장에게 노벨상을 받을 수 있는 환경으로 방사광가속기 건설을 요청했다. 당시 포스코는 광양제철소 건설에 33조 원을 투자하던 중이라 자금 상황이 어려웠다. 하지만 방사광가속기 건설에 1,500억 원을 투자했다. 이로써 대한민국은 방사광가속기를 보유한 세계 다섯 번째 국가가 됐다.

거대 연구시설인 포항 방사광가속기는 민간 기업의 지원으로 건설된 세계 유일의 방사광가속기다. 당시 우리나라 국내총생산GDP 수준의 국가 재정으로 방사광가속기를 건설하기는 어려웠다. 성공적인 포항 3세대 방사광가속기 완공으로 연구 중심 대학이라는 포스텍의 위상은 견고해졌다. 나아가 우리나라 과학기술을 20년 이상 앞당겼다는 평가를 받고 있다.

두 번째는 실력 양성이다. 내가 입학 후 첫 영어 수업을 들었는데 담당 교수가 한국어를 전혀 사용하지 않아 어떤 숙제를 냈는지도 알아듣기 어려웠다. 일반 물리 수업은 원서를 사용하니 용어를 잘 몰라 일일이 사전을 찾아 공부해야만 했다. 이렇게 공부하니 진도조차 따라가기가 버거웠다. '과연 졸업은 할 수 있을까?'라는 걱정이 앞섰다. 그만큼 일찍부터 포스텍은 학생의 실력을 키우기 위해 일종의 스파르타식 교육을 했다. 포스텍은 학생들 사이에서 숙제 중심 대학이라는 별명이 있을 정도로 충실하게 교육과정을 운영했다.

이렇게 2년 반이 지나 3학년 2학기에 카네기멜런대학교에 교환학생으로 가게 됐다. 그곳에서 수강한 모든 과목에서 A를 받을 수 있을 정도로 내 실력이 향상돼 있었다. 서양에서 들어온 학문을 배운다는 열등의식이 해소됐다. 포스텍의 교육 프로그램과 시설이 미국에 비해서 오히려 앞서 있다는 자신감을 느꼈다. 나는 학부 졸업을 하면서 전 세계 기계공학 졸업자 중 가장 열심히 공부했다는 자부심이 있었다.

내가 포스텍 대학원에 입학했을 때는 화공과 한 교수의 강의를 듣고 '학문이라는 것이 이렇게 아름답구나!' 하며 감동을 받았다. 이런 교수가 포스텍에 있어서 참 감사했다. 나만 그런 것이 아니었을 것이다. '선배가 없고 소수정예라 포스텍 졸업생들은 거의 실력으로만 승부를 볼 수밖에 없다. 그런데 학교에서 이런 상황에 대해 잘 준비해 주었구나!' 하는 감사로 고개가 숙여진다.

세 번째는 시대정신에 맞는 비전이다. 포스텍은 '연구 중심 대학 Research Oriented University'이라는 시대정신을 따라 교육철학을 비전으로 설정했다. 우리나라의 교육 역사를 돌아보자. 1950년대에는 문맹이 80%였기에 이승만 정부는 어려운 환경에서도 초등교육인 국민학교를 의무 교육화했다. 덕분에 우리나라는 빠르게 문맹에서 탈출했다. 1970년대 박정희 정부 시기에는 중화학공업을 위해 중후장대한 장비를 운용할 수 있는 기능공 배출이 시급했다. 이를 위해 기계공고와 전자공고를 만들었다. 군 면제 혜택과 기능올림픽 장려 등을 통해 시대에 맞는 인력 배출에 성공했다.

1980년대 들어 이러한 장비들의 국산화를 위해 연구개발 인력이 필요했다. 이때 포스텍이 국내 최초의 '연구 중심 대학'으로 설립돼 연구개발 인력 배출이라는 시대정신을 이끌어 리더십 위치를 차지했다. 서울대와 카이스트 등이 교육부에 대학원생 지원 프로그램인 두뇌한국21 BK21 등을 요구하면서 포스텍의 연구 중심 대학 모델을 따라와 주었기에 가능했다. 포스텍의 연구 중심 대학 모델은 우리나라 대학 교육의 전환점이 된 계기로 평가받는다. 또한 포스텍은 연구비를 교수의 개인 관리에서 대학의 시스템 관리로 전환했다. 이 포스텍 모델이 현재의 산학협력단을 잉태하는 계기가 됐다고 한다.

네 번째는 본질에 대한 충실과 순수다. 포스텍의 건학 이념에는 '세계' 또는 '인류'라는 단어가 8번이나 나온다. 포스코의 미래를 위한 대학이 아니라 인재 배출이라는 교육의 본질로 국가의 미래에 공헌할 수 있는 세계적 수준의 대학을 목적으로 하고 있다. 이것이 다른 기업이 만든 대학보다 포스텍이 성공한 중요한 이유다.

기업이 대학을 만들면 경영 철학에 따라 대학을 어떻게 활용할지 고민하는 과정에서 교육 철학의 본질이 훼손되기 쉽다. 그러나 포스코는 포스텍이 교육기관이라는 본질에 충실할 수 있도록 대학 경영의 자율성을 최대한 보장했다. 포스텍의 이미지 중 하나가 순수성이다. 사람은 이용당하고 싶어 하지 않기 때문에 순수성이 있어야 사람의 마음을 모을 수 있다. 개인적으로 포스텍의 순수성이라는 이미지가 지속되길 희망한다. 포스텍의 성공에는 많은 사람의 마음을 담을 수 있는 본질에 충실하고 순수한 정신적인 큰 그릇이 있었다.

포스텍에서 자라난 동문들은 마음속에 애국심, 실력, 도전, 순수라는 정신적 가치의 씨앗을 품고 세상을 향해 모험을 시작했다. 이러한 포스텍 정신의 중심에 박태준 회장이 있었다. 이것을 잘 알고 있는 동문들은 1996년 포스텍 동문회에서 박태준 회장을 명예 동창회장으로 추대하는 행사를 했다.

다시 태어나는 박태준들

　포스텍 정신은 어떻게 학생들에게 이식되는 것일까? 이는 씨앗을 심는 과정인 '강의를 통한 지식 전수'와 '캠퍼스 생활'만으로는 불가능하다. 졸업 후 사회로 나가 겪는 실제 삶에서 싹이 나고 뿌리를 내려야 가능하다. 포스텍을 떠나 겪게 된 세상에서의 모험은 순탄하지 않았다. 이 모험에서 만난 고난을 통해 포스코와 포스텍의 성공이라는 영광 뒤의 고난을 이해하게 됐다. 이와 관련된 일화가 있다. 박정희 대통령이 예고 없이 포항제철소 건설 현장에 와서 박태준 회장에게 질문한 적이 있다고 한다.

　"박 사장, 우리가 대일청구권자금으로 제철소를 짓는 것이 맞소? 이 돈으로 다른 사업에 사용하는 것이 국가적으로 더 좋은 것 아닌가 하는 생각이 종종 들어요."

　이 질문에 박태준 회장도 답변을 못 하고 두 위인이 대화 없이 한동안 침묵하고 있었다고 한다. 이들도 신이 아니니 성공할 수 있다는 확신과 무모한 도전 사이에서 고민을 피할 수 없었다. 이러한 고민과 고난 속에서만 탄생하는 혁신과 성공이 있다는 사실에 겸손하게 된다.

　이제 포스텍은 2만 명이 넘는 동문들이 교육, 연구, 산업, 정치, 행정, 법률, 예술, 문학 등의 분야에서 두각을 나타내고 있다. 포스텍 건립 당시 김호길 총장이 박태준 회장에게 "포스코가 포스텍에 간섭하지 않고 충분히 지원하면 30년 후에는 포스텍이 포스코를 지원할 수 있을 것입니다."라고 말했다고 한다. 그 예언이 지금 이루어지고 있다.

나는 동문들과 여러 행사와 모임을 만들 때마다 '마치 연어가 자라서 다시 고향으로 회귀하듯이 동문들은 다양한 분야에서 포스텍과 포스코를 지원할 수 있다.'라고 확신하게 됐다. 포스텍 동문들은 '포스코가 2조 원이 넘는 자금을 지원해 포스텍을 설립하지 않았나. 이제는 우리가 포스코보다 더 큰 동문 기업을 만들고 또한 기회가 되면 포스텍과 포스코를 지원하고 싶다.'라고 생각하고 있다.

박태준 회장과 김호길 총장은 하늘나라로 가셨지만 그들의 정신은 제자들의 마음속에서 영원히 살아가고 있다. 이제는 '다시 태어나는 박태준들'이 새로운 역사를 써갈 수 있도록 해야 한다. 그렇다면 이들이 동참할 수 있는 포스코와 포스텍의 '혁신보국'이라는 새로운 비전이 필요하지 않을까?

3
포스코의 정체성

"박 교수님이 꿈꾸는 벤처생태계를 구축하려면 포스코로 들어가서 일해야 합니다. 외부에서 포스코를 변화시킬 수는 없습니다."

포스코의 한 연구원이 나에게 한 이야기다. 그가 왜 그런 말을 했는지는 나중에 포스코에 들어가서 실감하게 됐다. 포스코에서 임원으로 일해 보니 정말 외부에서 보는 포스코와 큰 차이를 느낄 수 있었다. 포스코에 들어가서 5년을 지내면서 내가 보고 듣고 겪은 것은 포스코의 위대성과 위기감이었다. 왜 이런 양가감정을 동시에 느끼게 됐을까? 포스코는 과거에 이러한 위대성을 어떻게 성취했고 또한 현재 어떤 위기에 맞닥뜨리고 있는 것일까?

포스코의 위대한 유산과 무거운 발걸음

모든 국내 대기업이 비슷하겠지만 포스코도 초기에 많은 어려움을 겪어야만 했다. 아무런 기반이나 성과도 없는 상황에서 자리를 잡는 것조차 불가능해 보였다. 그러나 포스코는 그 많은 어려움을 극복하고 세계 철강업계에서 유례없는 성공을 거두었다. 하지만 큰 조직으로 성장하게 되면 변화에 빠르게 대응하기가 어려워지고 초기 성공 신화에서 벗어나기가 힘들 때가 많다. 마치 덩치 큰 공룡의 무거운 발걸음을 연상케 한다. 우리가 가야 할 미래를 그리기 위해 과거 역사를 통하여 포스코의 위대성과 현재의 위기감을 각각 들여다보고자 한다.

먼저 포스코의 위대성이다. 포스코는 1968년에 창업해 50년이 넘는 역사를 거치면서 한때 국내 시가총액 1위 기업으로 성장하는 등 많은 성공을 이룩했다. 내가 관찰한 포스코의 위대성은 불굴의 도전과 성공의 DNA, 애국심, 건강한 산학연 생태계 조성이다.

첫째, 불굴의 도전과 성공의 DNA다. 포스코는 무에서 유를 창출한다는 정신으로 전 세계가 한국에서는 불가능하다고 예상한 제철산업을 성공시켰다. 이로써 '불가능도 가능하다.'는 것을 실현해 보였다. 또한 세계적인 품질과 가격경쟁력을 위해 규모의 경제를 추구했다. 내수 시장 이상의 규모로 제철소를 건설해 수출 지향의 글로벌 기업으로 성장시켰다. 그 결과 전 세계 자동차 10대 중 1대가 포스코의 강판을 사용할 정도로 성장했다는 자부심이 가득했다.

유럽 최대 철강기업인 독일의 티센크루프는 포스코 초창기 때 성공 가능성이 없다고 판단해 지원을 거절했는데 2010년대 부도 위기에 몰렸다. 아이러니하게도 포스코는 이때부터 세계에서 가장 경쟁력 있는 철강기업으로 인정받았다. 2010년대 말에는 포스코에 기술이전을 한 신일본제철도 3년 연속 적자를 보며 부도위기라는 어려운 상황을 맞이했다. 반면에 포스코는 승승장구했으니 그동안 롤 모델로 삼았던 기업들을 추월했다는 흥분으로 가득했다. 2010년대는 포스코의 최고 전성기였다.

둘째, 우리나라의 근대화에 큰 공헌을 했다는 애국심이다. 흔히 철은 '산업의 쌀'이라고 한다. 포스코는 자동차, 조선, 가전, 건설, 인프라 등의 분야에 세계 최고 품질과 가격으로 철을 제공하여 우리나라의 근대화에 기여했다. 산업단지, 교량, 철도 등 우리나라 전국에 철을 제공했다는 '제철보국'의 자부심은 포스코가 포항을 넘고 경북을 넘어 우리나라 전체를 품은 기업으로 성장하게 한 동력이었다. 또한 국가의 핵심 정책에 적극적으로 앞장서서 기여한다는 정신이 가득했다. 그중 하나가 국내 최초의 연구 중심 대학인 포스텍의 설립이었다.

셋째, 포스코의 건강한 산학연 생태계 조성이다. 포스코는 대기업 오너들이 그들의 자녀에게 기업을 물려주는 것과 다른 행보를 보였다. 영업이익으로 국가의 미래를 위해 우리나라 역사상 가장 큰 기부인 2조 원을 들여 포스텍 및 산학연 협력 캠퍼스를 조성했다. 그리고 연구 중심 대학이라는 시대에 앞선 대학 교육을 이끌었고 방사광가속기로 우리나라 과학기술을 20년 앞당겼다. 다른 어떤 기업도 하지 못한 일이다. 포스코는 이러한 자부심으로 '제철보국'뿐만 아니라 '교육보국'이라는 정신적 기둥을 세웠다. 포스코가 추구하는 공공 정신이 기업에서 교육으로 확대된 것이다.

그러나 이러한 성공과 위대성이라는 빛만 존재하는 것은 아니다. 포스코의 미래에 대한 불안감과 위기감도 분명 있다. 첫째, 철강 이외에는 다른 주력 사업이 없다. 중국은 제조업 굴기로 전 세계 철강 생산량의 50% 이상을 차지하면서 철강 가격을 주도하고 있다. 또한 기술 격차가 줄어들면서 포스코는 중국에 비해 낮은 가격경쟁력으로 시장에서 위기를 겪고 있다. 더군다나 수출 중심의 포스코로서는 중국의 내수가 위축돼 물량이 해외로 밀려 나오면서 싸움이 쉽지 않다. 엔저 시기에는 일본 철강과의 가격경쟁에서도 우위를 차지하는 게 어려워 보인다.

여의도 면적의 3.3배인 포항제철소, 5배인 광양제철소 건설 등 대규모 토목사업의 경험을 가진 포스코 그룹은 건설업에서 철강만큼 성공을 거두지 못했다. 1990년대 포스코는 국내에서 가장 빠른 통신선을 보유하고 포스데이터, 신세기이동통신, 포스텍 내의 정보통신대학원과 정보통신연구소를 보유하고 있었지만 IT 분야에서 철강만큼 성공하지 못했다. 포스코가 대우인터내셔널을 인수하여 사명을 변경한 포스코인터내셔널은 철강, 에너지 등으로 사업이 재편되면서 과거 무역회사로서의 야성이 많이 줄었다는 의견이 있다.

한편 철강 이외의 대부분 사업이 철강 사업을 지원하는 역할을 하면서 그룹 내부 거래인 캡티브 마켓(계열사 간 내부시장)에 의존하고 있다. 이는 철강 인력이 계열사로 내려가면서 발생하는 부작용으로 계열사가 속한 분야의 도메인 지식보다 철강 도메인 지식이 강한 경영진의 한계다. 포스코인터내셔널에 합병된 포스코에너지의 직원은 포스코에서 온 경영진이 전력계통의 용어에 익숙하지 않아서 보고서 만들기가 어렵다는 호소를 했다. 포스코기술투자 대표도 투자 전문 용어를 모르고 부임하고 2~3년 후 투자에 대해서 잘 배웠다고 회상하면서 퇴임한다.

둘째, 기업규모에 비해 미래를 위한 연구개발이 너무 적다. 포스코는 장비 운전을 기반으로 하는 운영 및 유지 보수O&M, Operation and Management 기업 이미지가 강하고 연구개발 기업 이미지는 매우 약하다. 각 대기업의 연구개발 예산은 2022년 기준으로 연구개발 예산은 삼성 22조 7,000억 원, LG 6조 5,000억 원, 현대 5조 9,000억 원, SK 3조 9,000억 원에 달한다. 그런데 포스코그룹은 6,000억 원에 불과하다. 매년 포스텍에서 배출되는 300명 내외의 박사 중 약 80명이 삼성에 취업하고 각 20명 내외가 LG, 현대, SK에 취업한다.

반면에 포스코에는 많아야 5명 정도만 취업한다. 연구 인력 채용은 기업의 연구개발 예산과 밀접하게 연관돼 있다. 새로운 사업을 추진할 때 '연구소를 만들자.'라는 전략이 최고전략책임자CSO나 최고기술책임자에게서 나오지 않는다. 포스코그룹 내에는 세계적인 연구 중심 대학인 포스텍을 이해하고 이를 기반으로 전략을 수립하는 전담 조직도 전무하다. 미래 먹거리를 창출하는 연구개발에 대한 투자 부족과 연구 인력의 부재는 결국 포스코가 미래에 희망을 만들어갈 기반이 부족하다는 사실을 시사하는 것은 아닐까?

셋째, 인력의 우수성이 점점 떨어지고 있다. 이는 가장 두려운 부분이다. 포스코그룹의 입사 원서를 보면 철강보다는 트레이딩과 건설 쪽 이력서의 출신학교가 더 우수하다는 의견이 있다. 해당 업종의 인기와 함께 사무실이 수도권에 소재한다는 이유 때문이라고 한다.

최근 포항제철소 인력 채용에서 소위 말하는 SKY 출신이 한 명 지원했다고 한다. 포항에 박사 연구원을 뽑으면 결혼 등의 문제로 빠르게 수도권으로 이직한다는 이야기도 있다. 사실 제철 기업의 인력난은 비단 포항제철소만 겪는 게 아니다. 일본의 신일본제철도 일본 대학생의 선호 기업 100위권 밖에 머물고 있다. 우수 인력이 없어 미래의 신사업을 만들어내기 어렵다는 것이 신일본제철의 현주소라는 말이 있다. 이처럼 철강 산업의 미래는 그다지 밝지 않다는 게 중론이다.

게다가 국민 소득 2만 달러 시대의 전통적인 제조 산업인 철강으로 국민 소득 3만 달러 시대인 지금 우수 인력을 유치할 수 있겠냐는 이야기도 나돈다. 현대자동차가 로보틱스, 인공지능, 도심항공교통AAM, Advanced Air Mobility, 수소 에너지 등의 미래 기술을 내세우는 이유가 우수한 박사 인력 유치를 위해서라고 한다. 그만큼 우수 인력 유치는 기업의 미래에 결정적 요소다. 포스코는 이들을 유치하기 위한 비전과 처우가 다른 대기업보다 약하다는 의견은 포스코 그룹의 암울한 미래를 암시한다.

마지막으로 정부에 대한 매우 소극적인 태도다. 국영기업에서 민영화가 된 후에도 계속 정부가 회장 선임 등에 간섭한다는 생각이 뿌리 깊은 상처로 박혀 있다. 그러면서도 정부의 요청에 힘없이 끌려가는 듯한 모습은 내가 포스코의 정체성에 대해 고민하게 된 계기이기도 했다.

국가 산업 전략과 포스코의 탄생

포스코는 어떤 배경 속에서 탄생하게 됐을까? 포스코의 역사를 조사하고 자료를 모으는 과정에서 국제 정세와 그에 따른 국내 정책 그리고 포스코의 창립으로 이어지는 고리를 확인할 수 있었다. 먼저 국제 정세와 관련한 포스코의 탄생을 살펴보자. 포스코 탄생 당시 국제 정세는 미국과 중국의 핑퐁외교였다. 소련과 중국은 국경을 둘러싸고 분쟁이 일어났다. 미국은 소련과 중국을 동맹으로 생각하고 있었는데 중·소 국경 분쟁을 본 후 중국을 소련에서 분리시키는 전략을 추구했다. 미국과 중국은 당시 세계 최고의 화약고였던 베트남에서 군전력을 줄이기로 합의하고 중국은 그 병력을 소련과의 국경 분쟁 지역으로 이동했다. 이와 아울러 한국과 북한에서 군축을 위한 협상도 진행했다. 형님 격인 미국과 중국이 화해하니 한국은 주한미군 축소에 따른 자구책이 필요하게 됐다.

그다음으로 살펴볼 게 국내 정책이다. 급격한 국제 정세의 변화는 대한민국에 큰 위기로 다가왔고 이제 자주국방이 절실해졌다. 박정희 정부는 자주국방을 실현하기 위해 중화학공업을 국가 최우선 정책으로 삼고 유신체제를 추진했다. 자체적인 무기 생산과 경제 발전을 동시에 도모하기 위한 선택이었다. 이에 대응해 북한은 자구책으로 주체사상을 내세운다.

중화학공업의 핵심은 철강 산업이었다. 즉 자주국방을 실현하려면 자체적인 제철소가 반드시 있어야 한다는 과감한 결단을 내렸다. 당시 롯데는 일본으로부터 제철소 설계도와 기술이전이 가능하다는 논리로 철강 사업 기회를 타진했다. 현대는 자동차 사업에 철강이 필수적이기 때문에 수직계열화 기반으로 사업 기회를 기대했다. 하지만 박정희 정부의 생각은 달랐다. 철강 사업은 공공의 성격이 강하기 때문에 국가에서 하는 것으로 결정했다. 지금도 포스코 앞바다는 군에서 지키고 있다. 포스코가 타격을 받으면 우리나라의 국방 지구력의 50%가 감소한다고 한다.

포항제철소는 이러한 국내외 정세와 정책에 따라 국가의 전 역량을 동원해 건설됐다. 포항제철소의 설계는 당시 유일한 국가 연구소인 한국과학기술연구원KIST에서 담당했다. 자금 유치는 총리가 담당해 미국, 서독, 일본 등과 논의했다. 그리고 포항제철소의 최고책임자는 박태준 사장으로 결정했다. 정부는 박태준 사장이 오너가 아니라는 한계에 갇히지 않도록 10년 이상 정치적인 압력을 배제하면서 경영을 보장했다. 덕분에 박태준 사장은 제철소 건립과 경영에 전념할 수 있었다. 양질의 철을 싸게 만들기 위해 규모의 경제가 가능한 제철소를 건설했고 국내 수요보다 더 많은 철을 생산해 수출이 가능한 글로벌 기업으로 키워나갔다.

이처럼 포스코는 당시 국제 정세와 그에 따라 수립된 국내 최우선 정책으로 기획돼 국가의 모든 역량을 총동원해 성공시킨 기업이다. 이것이 바로 포스코의 정체성이다. 포스코가 설립될 당시 우리나라 1년 예산은 약 2,500억 원 수준이었다. 같은 해 포항제철소와 경부고속도로 건설에는 각각 1,500억 원과 500억 원 규모의 예산이 투입될 계획이었다. 국가 지도자들은 대한민국의 근대화를 위해 거대한 국가 프로젝트를 과감히 기획하고 실행에 옮기는 결단력을 보였다.

이런 관점에서 국제 정세를 파악하고 국가 정책을 선제적으로 제안하고 지원해 사업 영역을 넓혀가는 것이 포스코의 정체성에 맞는 대관對官 업무 철학과 신사업 전략이 아닐까? 포스코는 시대가 변하고 정권이 바뀌면서 정체성을 점점 상실해 지금은 민간 기업이라는 명분으로 정부와 점점 거리를 두는 방향으로 대관 업무가 변했다.

다시 시대의 해답이 돼야 하는 포스코

포스코의 역사와 정체성을 되짚어보면 포스코의 미래에 대한 청사진을 그릴 실마리를 찾을 수 있다. 즉 현재의 국제 정세와 국내 정책을 분석하고 국가 역량을 어떻게 집결해야 하는지 그리고 포스코의 역할이 무엇인지 살펴보는 것이다. 포스코가 출범하던 시기와 마찬가지로 이러한 요인들을 파악해 포스코의 미래를 그려보자.

먼저 국제 정세를 보자. 지금 경제 분야에서 가장 우수한 인력과 수준 높은 자금이 모이는 곳은 벤처생태계다. 벤처생태계에서 최고 수준의 정보가 양산되고 있다. 미래 먹거리인 연구결과를 가장 효율적으로 상용화하는 벤처생태계는 지금 이 시대의 시대정신이며 글로벌 스탠더드다. 미국에서 시가총액 1조 달러 이상의 7개 기업인 매그니피센트 7magnificent seven 모두가 벤처로 시작한 기업들이다.

국내 정책을 들여다보면 심각한 상황이라는 것을 알 수 있다. 지금 대한민국은 인구절벽, 수도권 집중 및 지방 소멸, 경제의 잠재성장률 하락 등 복합적인 문제에 직면했다. 이 문제의 해결은 사회 구조적인 측면에서 접근하는 것도 중요하지만 결국 경제가 뒷받침돼야 한다. 경제는 기업을 통해 성장한다. 그런데 미래 경제, 즉 미래의 기업은 누가 책임을 지는가? 미국을 보면 벤처생태계를 이끌어가는 20~30대 청년 기업가들이 미래 기업의 CEO들이다. 우리나라가 모든 역량을 통해 길러내야 할 인력들이 바로 20~30대 청년 기업가들이다. 우리나라 중앙정부와 지방정부, 대학, 기업 등 모든 역량을 모아 지원해야 할 분야라고 확신한다.

이러한 국제 정세와 국내 정책의 상황에서 포스코의 역할은 무엇일까? 우선 포스코는 포스텍을 보유하고 있다. 포스텍의 연구결과를 상용화하는 벤처생태계를 그룹 내에 만드는 게 가능하다. 삼성전자와 서울대학교가 할 수 없는 새로운 차원의 산학협력을 뿌리가 같은 포스코와 포스텍은 할 수 있다. 포스코가 포스텍의 연구결과를 기반으로 자회사를 성공시킨다면 포스코는 모든 신사업을 할 수 있는 플랫폼 기업이 될 수 있다. 포스텍을 넘어 서울대학교와 카이스트 등 국내외 대학의 기술로 신사업을 만들 수 있어 다시 한번 국내 시가총액 1위를 회복할 기회를 마련할 수 있다. 이는 벤처생태계가 시대정신이자 글로벌 스탠더드이기 때문에 가능하다.

대한민국이 1인당 국내총생산 3만 달러를 넘어 5만 달러 시대를 열기 위해서는 지난 세대에서 성장시킨 대기업이라는 경제 엔진에 벤처생태계라는 새로운 경제 엔진을 추가해야 한다. 포스코를 포함한 국내 기업들이 신사업의 글로벌 스탠더드인 벤처생태계와 협력해 발전할 수 있도록 패러다임을 변화해야 한다. 벤처생태계를 대기업으로 끌어오는 것이 아니라 대기업이 혁신의 주체인 벤처생태계로 다가가 지원해야 한다. 이는 대기업의 생존에 큰 도전으로 다가오고 있다. 덩치가 큰 대기업의 변신은 어렵고 창업 못지않은 큰 고통이 따르기 때문이다. 포스텍을 보유한 포스코가 이러한 시대의 도전에 우리나라의 미래 모델을 제시할 수 있다는 새로운 사명감을 가져야 할 때다.

만약 포스코가 포스텍을 중심으로 하는 산학연 협력 기반 벤처생태계를 성공시킨다면 이는 포스코와 포스텍의 발전으로만 그치지 않는다. 우리나라 다른 대학과 기업을 변화시킬 수 있는 좋은 모델이 될 것이다. 삼성전자나 서울대학교가 자체적으로 변화하기는 어렵다. 하지만 포스코와 포스텍의 성공 사례가 만들어지면 타 기업과 타 대학으로 확산하는 것이 훨씬 쉬워지기 때문이다. 과거 포스코가 전국에 철을 보급해 조국 근대화에 기여한 제철보국의 정신과 같은 맥락이다.

  이를 포스텍 동문들은 '혁신보국'으로 명명했다. 포스코가 국민기업이면 포스텍도 국민대학이라는 자각이 포스텍 동문에게도 있기 때문에 이런 표현이 가능하다. 포스코와 포스텍의 벤처생태계는 포스코가 느끼는 미래에 대한 불안감과 위기감을 해소할 수 있는 해답이 될 수 있다.

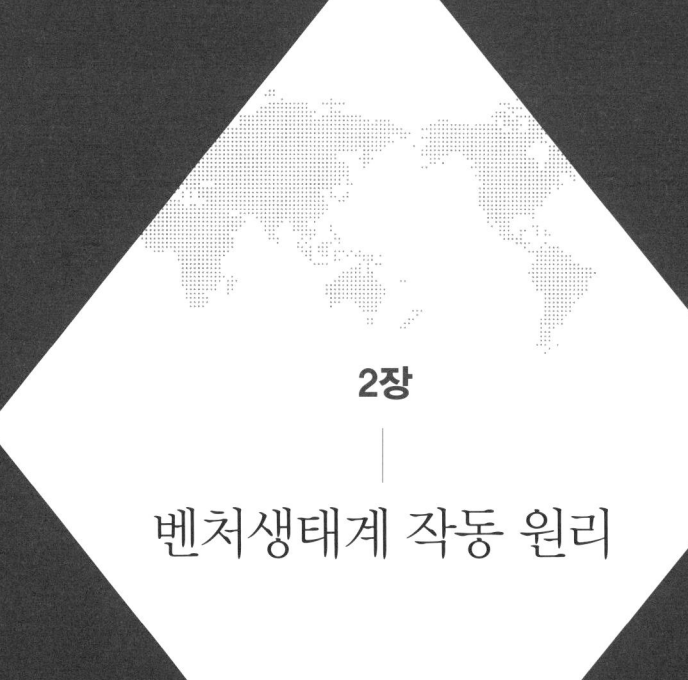

2장

벤처생태계 작동 원리

벤처생태계를 이해하기 위해 기본 작동 원리를 알아보자. 우선 미래를 만드는 플랫폼인 학교, 연구, 벤처생태계 태동과 관련한 역사를 살펴보자. 그다음에 벤처생태계의 구조와 작동 원리를 이해하고 벤처생태계가 어떻게 경제 분야의 시대정신으로 발전했는지를 알아보자. 또한 벤처생태계의 영향력이 커지면서 다양한 이론이 제안되었다. 결과적으로 벤처생태계로 인하여 대기업이 변화되고 있으며 벤처생태계 자체도 계속 발전할 수 있는 추진력을 통하여 미래의 새로운 성장동력으로 역할을 하고 있다.

1
학교와 연구의 태동과 벤처생태계의 탄생

역사를 아는 것은 어느 분야에서나 중요하다. 나는 대학교수로, 연구자로, 벤처기업의 최고기술책임자로 학교와 연구와 벤처의 역사를 알게 되면서 '과학혁명'의 관점에서 상호 간의 연결고리를 정리할 수 있었다. 대중 교육 시스템인 현대 학교의 태동, 미래 먹거리로서 연구의 등장, 이를 실제로 산업으로 연결하는 일련의 과정이 곧 벤처생태계의 탄생 과정이라고 할 수 있다.

학교의 태동과 수량화 혁명으로 시작된 과학혁명

과학혁명은 어떻게 시작됐을까? 그 출발점은 미래 인재를 길러

내는 현대 학교 교육에서 찾을 수 있다. 현대 학교의 탄생은 개인 중심의 교육을 대중 교육 체계로 전환하는 계기가 됐다. 이와 함께 과학적 사고방식에 기반한 수량화 혁명이 일어나 세계관의 변화를 이끌었다. 이러한 변화는 시대의 전환점을 만들어냈고 결국 지식 혁명으로 이어지게 된다.

과학혁명은 16세기 서양에서 태동한 현대 학교 시스템에서 출발한다. 근대사회가 시작되던 시기 개인 교사를 통한 교육으로 왕족과 귀족은 문자와 지식을 독점하고 있었다. 그러다가 대항해시대로 부를 축적한 신흥 상인 계층이 종교혁명 세력과 함께 교육에 대한 새로운 계기를 마련했다. 서민들을 자신의 정치적 지지 그룹으로 만들기 위해 지식의 대중화를 추구했고 현대 학교를 세우기 시작했다. 상인들은 학교를 짓고 교사 월급과 같은 비용을 댔다. 종교 개혁자들은 교사 역할과 함께 사제 계급이 독점하던 『성경』을 평신도가 직접 읽고 해석할 수 있는 이론을 제공했다. 초기에는 이렇게 사립학교로 출발했으나 지식 교육이 공공 영역으로 정의됨에 따라 공립학교가 증가했다.

지식 교육의 영향력은 위대했다. 문자와 지식의 독점이 사라지자 왕족과 귀족의 기득권은 약화될 수밖에 없었다. 지식의 양이 폭발적으로 증가하면서 집단지성의 강력한 효과가 나타났다. 종교혁명이 공화정과 자유민주주의의 정치혁명으로 이어졌다. 그리고 두 세기도 채 지나지 않아 산업혁명으로 시작해 시장경제 기반의 자본주의 경제혁명으로 이어졌다. 그리고 또다시 두 세기가 지나면서 지식혁명으로 이어졌다. 이제 현대 학교 시스템은 모든 분야에 지식을 기반으로 발전시킬 인적자원을 제공하고 있다.

지식혁명의 결과로 농업생산성이 증가하여 지구가 먹여 살릴 수 있는 인구는 10억 명에서 80억 명으로 증가했고 노동시간도 주당 90시간에서 50시간으로 획기적으로 줄어들었다. 기대수명도 35세에서 100세를 바라보게 됐다. 이 모든 게 불과 두 세기 만에 일어난 일이다. 일반 대중이 해외여행, 엔터테인먼트, 스포츠를 즐기고 비용을 지불한 지는 몇십 년에 불과하다.

인류는 산업혁명으로 농업에서 공업과 금융업과 서비스업 등 새로운 산업을 일으켰고 여행, 엔터테인먼트, 스포츠를 새로운 산업으로 만들었고 지식혁명으로 플랫폼 산업, 인공지능 산업 등 새로운 산업을 창출하고 있다. 4차 산업혁명으로 실업을 걱정하지만 산업혁명 때마다 생산성이 늘어나면서 새로운 직업이 폭발적으로 증가했다는 사실을 주목할 필요가 있다. 인류는 늘 과거에 얽매여 걱정하기보다 미래를 위해 진취적으로 새로운 혁신을 이루어왔다. 인류는 우리가 걱정하는 것보다 훨씬 더 큰 도전 정신과 지혜를 발휘한다.

과거에는 삶에 필수적인 의식주를 위해 총인구의 90%가 매달려야 했다. 왕족, 귀족, 종교 지도자, 군인 등은 10% 미만이었다. 산업혁명으로 의식주에 필요한 토지와 노동시간이 획기적으로 줄어들었다. 기술과 에너지가 토지와 노동을 대체하고 있다. 현재 기본적인 의식주에 종사하는 인류는 10% 정도라고 한다. 4차 산업혁명이 완성되면 전 인류의 1%만이 기본 의식주에 종사하면 될 것으로 추정한다. 99% 사람들은 기본 의식주가 아니라 자신들이 하고 싶은 일을 하면서 더 풍족한 생활을 할 수 있을 것으로 예측한다. 이제까지의 인류 발전은 궁극적으로 지식 교육의 결과였다.

현대 학교의 태동과 함께 수치화와 시각화 기반 사고방식 또한 과학혁명의 큰 자양분이 됐다. 미국 역사학자인 앨프리드 크로스비는 저서 『수량화 혁명』에서 10세기까지만 해도 중국과 중동에 뒤떨어져 있던 유럽이 어떻게 16세기 이후 탁월한 항해술과 우수한 무기를 바탕으로 전 세계 대륙을 정복하고 제국주의적 식민 지배를 할 수 있었는지에 대해 설명하고 있다. 유럽인은 모든 분야에서 수량화 혁명을 이뤄 이를 바탕으로 하는 시각화를 적용해 새로운 사고방식과 세계관을 발전시켰다. 실제로 현실을 질적 분석에서 양적 분석으로 바꾸면서 놀라운 과학기술을 발전시켰다는 것이다. 16세기 갈릴레오는 이러한 수량화 혁명의 핵심이라 할 수 있는 과학적 사고를 체계화함으로써 현대과학을 출발시킨 과학의 아버지로 인정받고 있다.

수량화 혁명으로 17세기에 뉴턴은 만유인력의 법칙과 운동법칙을 수학적으로 기술해 기계공학, 19세기에 루트비히 볼츠만은 통계열역학을 수량화해 재료공학과 화학공학, 제임스 맥스웰은 전자기학을 수량화해 전기공학, 20세기에 아인슈타인은 상대성 이론을 바탕으로 핵공학, 에르빈 슈뢰딩거는 양자역학을 수량화해 전자공학을 발전시키는 데 공헌했다.

연구의 태동과 기술혁신 시스템화로 성숙한 과학혁명

학교의 태동이 과학혁명의 출발점이었다면 연구의 태동은 과학혁명을 성숙시킨 원동력이었다. 그렇다면 연구는 어떻게 시작됐을까? 이후 시간이 흐르며 구축된 연구 시스템은 어떤 모습일까?

연구의 기원은 두 가지로 알려져 있다. 하나는 국방에 목적을 둔 것이고 또 다른 하나는 순수한 호기심 그 자체라고 할 수 있다. 인류사를 돌이켜보면 동서고금을 막론하고 국가의 존망을 결정하는 중요한 힘은 군사력이었다. 소위 국방과학이라 부르는 분야에서 남보다 앞서 무기를 개발하기 위해 끊임없이 연구가 이루어지고 있다. 우리 민족의 역사에서도 고구려는 앞선 기술로 철을 다루면서 그 시대 가장 뛰어난 철제 병기를 보유한 덕분에 그토록 광활한 영토를 지배할 수 있었다고 한다. 항공기, 컴퓨터, 인터넷, GPS 등과 같은 기술도 실은 국방과학에서 먼저 연구개발한 것인데 민간 분야로 넘어와 더욱 발전해 인류의 문명사적 변화를 가져왔다.

연구의 또 다른 기원은 서양의 르네상스 시기에서 찾을 수 있다. 이 시기에 이성 중심의 계몽주의와 과학주의가 발전하면서 여유 시간이 많은 귀족이 스스로 호기심을 충족하기 위해 자연과학을 탐구했다. 과학기술은 이 과정을 통해 획기적으로 발전했다. 그 중심지는 다양한 모든 것을 한곳으로 모은다는 의미로 설립된 대학university이었다. 정치적인 이슈에 대한 학문의 자유를 보장하는 종신교수 제도가 확립되면서 대학은 고등교육기관으로 자리를 확실히 잡아 학문의 전당이 됐다. 자연과학의 발전 기반을 제공한 대학은 그 후 수 많은 과학자를 배출하면서 오늘날까지도 이어지고 있다.

18세기에 이르러서는 자연과학 연구가 귀족에서 평민으로 넘어가면서 호기심보다는 현실 문제와 융합했다. 그리고 상업주의와 결합하면서 국가와 사회에 폭발적 영향을 끼치는 산업혁명을 일으켰다. 현대 학교 시스템으로 배출된 인력들이 이 혁신의 중심에 있었다. 19세기에는 자연과학과 공학이 분리되면서 응용과학 중심의 공과대학이 탄생하고 이공계에서 학과가 분화되기 시작했다.

과학 연구가 사회에 끼치는 대단한 영향력이 확인되면서 연구의 위상은 획기적으로 높아졌다. 이제 연구 활동은 기업과 국가의 경쟁력, 특히 미래의 새로운 먹거리를 만들어내는 데 가장 중요한 핵심 요소가 됐다. 현재 한 국가의 국내총생산이 그 국가의 과학기술을 다룬 연구논문 수와 큰 상관관계로 비례한다는 것은 시사하는 바가 매우 크다. 기업과 국가가 많은 예산을 투입해 연구소들을 설립했고 그에 따라 연구를 직업으로 삼는 연구원 수도 계속해서 더욱 늘어날 전망이다.

현재는 5년 이내의 미래 먹거리 확보를 위한 연구는 기업연구소가 담당하고 공공 영역과 함께 10년 이후의 국가 전체 먹거리 확보를 위한 연구는 정부 출연 연구소가 담당하고 있다. 그리고 대학, 특히 연구 중심 대학은 기초연구나 위험 부담이 매우 큰 연구를 담당하면서 연구 인력을 배출하는 교육의 임무를 수행한다. 이렇게 기업연구소, 정부연구소, 연구중심대학으로 국가차원의 체계적인 연구 분업화가 이루어졌다. 현재 한국을 포함한 선진국은 이와 같은 연구 분업화를 통해 기술 혁신 시스템을 갖추었다.

혁신 기술의 사업화로 완성되는 과학혁명

교육과 연구를 통해 성숙한 과학혁명은 연구결과의 사업화를 통해 혁신적인 새로운 산업이 탄생하면서 열매를 맺는다. 이러한 기술사업화 과정은 지식혁명 전후로 대기업 중심에서 벤처생태계 중심으로 전환됐다. 즉 산업과 경제에서 혁신의 주체가 변화했다. 벤처생태계는 대학에서 배출되는 청년 기업가가 핵심 인력이 돼 산업의 변화를 불러일으킨다.

제2차 세계대전 이후 전 세계 경제는 노동집약적 경공업으로 시작해 기술집약적 중화학공업으로 빠르게 바뀌면서 성장했다. 이후 지식혁명을 통한 지식집약적 신산업으로 진화하면서 인류는 역사상 유례없는 비약적인 발전을 이룩했다. 이러한 발전은 연구개발을 통한 기술 혁신, 주식회사 제도를 통한 자본 형성, 전 세계적 개방화와 자유무역 확대, 높은 인건비가 보장되는 고급 일자리 창출 등에 기인한다. 아울러 후진국도 이러한 진화 과정을 자연스럽게 좇아가면서 전 세계는 거대한 분업 구조로 개편됐다. 실제로 미국과 유럽이 그 변화를 이끌었고 이후에 일본, 한국, 중국, 인도 등의 순으로 시간차를 두고 따라가고 있다.

노동집약적 경공업과 기술집약적 중화학공업은 자본을 축적해 온 소수의 대기업이 주도했다. 하지만 지식집약적 신산업은 연구자와 관련 지식이 폭발적으로 늘어남에 따라 새로운 혁신 시스템이 필요했다. 4차 산업혁명을 눈앞에 둔 현시점에서 연구결과를 가장 효율적으로 사업화하는 시스템은 미국이 구축한 벤처생태계이다. 벤처생태계는 미래 가치를 주식에 반영하여 주가 상승으로 얻는 자본 이익을 기반으로 한다. 그리하여 기존 대기업에서 제공하는 영업이익 기반의 인센티브와 비교할 수 없는 인센티브를 제공할 수 있어 최고의 인재와 금융을 끌어드림으로써 벤처생태계가 성공적으로 구축됐다.

벤처생태계는 연구의 상용화 단계에서 5% 정도로 성공 확률이 낮기 때문에 높은 자본 이익과 분산투자가 필요하다. 이로 인해 전 세계에서 매년 수만 개의 벤처 창업을 이끌어 저비용으로 많은 연구 성과의 시장성을 빠르게 검증해 혁신을 가속하고 있다. 또한 벤처투자는 연구 자원의 대기업 독점을 해소하고 벤처기업을 통한 연구 자원의 보편화를 이끌어 경제성장의 동력이 되고 있다. 이러한 변화는 연구의 속도와 경제성 측면에서 대기업의 자체 연구보다 벤처기업과 협력 연구가 유리하여 오픈 이노베이션open innovation 시대를 열었다. 오픈 이노베이션은 연구개발 트렌드를 바꾸고 벤처생태계를 새로운 혁신의 주체로 만들었다. 현재 벤처생태계는 플랫폼 형태의 네트워크로 대기업이 인재, 기술, 사업 전략을 확보하는 센싱채널sensing channel 역할을 하고 있다.

창업생태계는 대학이 배출하는 새로운 젊은 인력에 의해 만들어진다. 그 이유는 이들만이 지닌 끝없는 도전 정신 때문이다. 대기업에 취업한 사람은 주어진 환경에서 자신의 모든 능력을 동원해 생존과 승진을 위한 실력과 경륜을 기른다. 교수, 연구원, 공무원도 마찬가지로 주어진 환경에 적응하면서 전문가로 성장한다. 그러나 이렇게 양성된 전문 인력들이 전혀 새로운 일에 도전하는 벤처 시스템을 만들기란 쉽지 않다.

이와 같은 이유로 실리콘밸리가 대표하는 전 세계 모든 기술 벤처생태계는 연구 중심 대학이 있는 지역에 형성된다. 대학과 기업의 융합으로 혁신적인 기술 벤처생태계가 만들어지기 때문이다. 이런 대학을 기업가형 대학entrepreneurial university 또는 가치 창출 대학value creation university이라고 부르고 이런 도시를 혁신도시라고 부른다.

2
벤처생태계의 구조와 작동 원리

　벤처생태계가 만들어지기 전에는 대기업 중심의 신사업 전략이 가장 효율적이었다. 연구는 매우 비싼 프로세스이기 때문에 대기업이 연구 인력, 연구 장비, 연구비 등의 연구 자원에 독점적인 지위를 가지고 있었다. 대기업에서 연구와 관련한 사안은 전적으로 CEO 중심의 의사결정에 달려 있었다. 대기업 연구소의 연구 분야 선택과 신사업으로 진행할 연구결과 선택까지 모두 CEO 중심의 소수에게 몰렸다.

　신사업을 진행할 때도 몇몇 세계적인 대기업으로 구성된 카르텔이 합의할 수 있었다. 예를 들어 LCD 공장에 조 단위 투자 후 PDP 등 차세대 디스플레이 기술을 개발해도 대기업 카르텔이 합의해 투자수익률ROI, Return on Investment이 나올 때까지 일정 기간 신사업

투자를 미룰 수 있었다.

하지만 벤처생태계가 구축된 후에는 이것이 점점 불가능해지고 있다. 현재 이차전지 분야의 리튬이온배터리는 아직 투자수익률이 달성되지 않았지만 대기업에서 차세대 전고체전지에 대한 투자와 양산 계획을 발표하고 있다. 대기업에서 전고체전지 연구개발 자금을 제공하지 않아도 벤처캐피털을 통해 연구개발 자금을 조달할 수 있기 때문이다. 벤처캐피털 투자로 연구 자원의 대기업 독점이라는 양극화를 해소하고 기술 벤처기업을 통해 연구의 보편화를 이룬 것이다.

기술사업화로 탄생하는 벤처생태계

연구와 사업 사이의 넓은 간격이 벤처생태계 태동의 뿌리이다. 벤처생태계는 연구결과를 사업화하는 과정에서 연구기관과 대기업 간의 분업 구조를 기반으로 한다. 세계적인 연구를 수행하는 대학과 국가 출연 연구소 등의 비영리기관과 조직과 마케팅으로 상품 생산과 판매에 강점이 있는 대기업 사이에서 연구결과를 시장 상품으로 발전시키는 연결을 벤처기업이 담당해 효율을 높이는 분업 구조가 조성됐다. 이는 기존의 대기업 중심 사업화 방식보다 더 높은 경제적 경쟁력과 빠른 실행력을 가능케했다. 또한 벤처생태계의 성공이 증명되면서 대학과 연구소와 기업 간의 거대한 클러스터가 여러 지역에서 형성돼 혁신을 주도하고 산업 구조 자체를 변화시키고 있다.

벤처생태계는 기술사업화 과정에서 구축된다. 연구를 출발점으로 그 성과를 상용화하기 위해 벤처기업을 창업한다. 이를 성장시켜 대기업과 연결하는 과정에서 벤처생태계가 형성된다. 이 생태계의 과정과 구조를 살펴보자.

첫째, 새로운 사업과 이에 대한 투자는 큰 위험을 지고 시작된다. 사업은 손익분기점을 넘어서 영업이익을 목표로 하고 투자는 회수(엑시트)를 전제로 한다. 기술 보호를 받을 수 없는 학부생 수준의 아이디어로 창업한 경우 성공 확률이 200만 분의 1로 투자 회수가 거의 불가능하다. 자금력과 조직을 가진 기존 대기업에 좋은 아이디어를 빼앗기기 때문이다. 반면 평균적으로 20억 원 정도의 연구비로 특허 출원을 받아 보호받을 수 있는 연구결과를 사업화할 때 성공 확률은 5% 정도다.

둘째, 창업 이후에 시장에 상품을 출시할 수 있는 기업으로 성장할 때까지 평균적으로 4~5년 동안 500~1,000억 원의 추가 투자가 필요하다. 이때 벤처기업의 성공 확률은 5%에서 40%까지 높아진다. 대기업은 이 과정에서 상당한 출혈을 감수해야 한다. 고정비가 급격하게 늘어나는 데다 의사결정이 더딘 대기업이 직접 하기에는 비용과 시간이 많이 들기 때문이다. 그래서 에인절과 벤처캐피털의 투자를 기반으로 하는 벤처생태계가 조성되는 것이다. 벤처생태계는 대기업과 달리 차별화된 기술과 비즈니스 모델을 빠른 속도로 시장 경쟁력을 검증할 수 있다.

셋째, 기술 벤처기업이 40% 정도의 성공 확률까지 성장하면 이때부터는 전략, 생산, 재무, 법무, 홍보 등의 조직과 해외를 포함한 마케팅 채널을 확대할 필요가 있다. 이 시기에 대기업이 기술 벤처기업을 인수합병해 대기업의 장점인 조직과 마케팅을 접목해 새로운 산업을 만들어낸다. 이것이 현재 미국에서 실현된 기술사업화의 가장 효율적인 시스템이다.

혁신 클러스터의 형성은 대학-연구-벤처-대기업로 이루어진 생태계의 역동적인 메커니즘에 기반한다. 연구 중심 대학의 교육과 연구, 연구소의 연구, 기술 벤처 기업의 기술사업화, 대기업의 사업 성숙이라는 교육-연구-사업화-성숙의 큰 융합을 통해 새로운 산업들을 만들어가는 것이다. 이 융합의 방법으로 투자자와 기업이 대학 캠퍼스와 연구소 내에 들어와 새로운 벤처기업을 만들어가는 영리기관이 비영리기관으로 들어오는 방향이 있다. 혹은 대학과 연구소가 투자자 또는 기업과 손잡고 캠퍼스 외부에 비즈니스 허브를 구성해 학생들이 창업을 도와주는 비영리기관이 영리기관으로 나아가는 또 하나의 방향이 있다. 이를 통해 대학, 연구소, 벤처기업, 대기업이 거대한 혁신 클러스터를 이루면서 역동적인 연계와 융합으로 미래 산업을 창조 해나가는 것이다. 결국 연구분업화에 이어 기술사업화도 기술 벤처와 대기업 사이에서 분업화 구조를 통해 효율을 높이는 것이다.

잘 알려진 실리콘밸리 이외에도 몇몇 혁신 클러스터 도시의 특징을 간단히 살펴보자. 미국 실리콘밸리는 미국 벤처투자의 60%를 점유하는 민간 주도를 특징으로 대학-유학·이민-민간의 핵심 주체를 중심으로 혁신 클러스터가 형성됐다. 이곳은 전 세계 벤처 생태계의 중심성과 문화의 다양성이라는 강점을 갖추고 있다. 이스라엘 텔아비브는 후츠파라는 도전 정신을 기반으로 민간이 주도한다는 게 눈에 띈다. 이러한 배경을 가지고 군-대학-민간의 핵심 주체를 중심으로 혁신 클러스터가 형성됐다. 강한 창업 문화와 많은 스타트업 수가 강점이다. 싱가포르는 국가전략 기반의 기업 유치형이라는 특성을 보인다. 정부-대학-외국자본의 핵심 주체를 중심으로 혁신 클러스터가 형성됐다. 글로벌 네트워크와 정책의 정교성이 강점이다. 독일의 프라운호퍼는 독일의 정부 출연 연구기관으로 독일 전역에 70여 개의 연구소를 두고 있다. 산업 연계형 응용 기술 개발을 특징으로 기업-연구소가 핵심 주체가 돼 혁신 클러스터가 형성됐다. 기술 상용화와 지속성이 강점이다.

  벤처생태계로 인해 전체 산업 구조는 기존 산업으로 불리는 대기업군, 신기술을 기반으로 하는 테크 스타트업 기업군, 기술보다는 새로운 비즈니스 모델을 기반으로 하는 혁신 스타트업 기업군으로 재편되고 있다. 대기업군은 공장에서 대량생산을 통해 주로 우리의 물질적 생활을 풍요롭게 해주었다. 테크 스타트업 및 혁신 스타트업 기업군은 기술과 비즈니스 모델을 기반으로 주로 IT를 활용하여 우리 생활을 더욱 편리하게 변화시키고 있다. 코로나19 시기에 비대면 문화가 확산되면서 IT 분야가 폭발적으로 확장됐고 바이오 벤처생태계도 크게 약진했다. 이제는 IT, 바이오를 넘어 소·부·장(소재, 부품, 장비)까지 모든 분야에서 연구결과 상용화와 신사업 플랫폼으로서 벤처생태계가 더욱 성숙해가고 있다.

또한 새로운 혁신 스타트업 기업군에는 우리에게 즐거움을 주는 게임과 엔터테인먼트 등 문화 사업 분야도 포함된다. 사람들이 의식주 분야의 생산성이 늘어나면서 과거에 비해 더욱 문화에 관심을 늘리고 있다. 4차 산업혁명으로 문화산업이 질적으로 비약하고 대중적으로도 더욱 확산하고 있다.

자본이익과 분산투자로 자금 확보

기업은 창업부터 손익분기점까지 수입보다 지출이 크기 때문에 외부자금이 필요하다. 창업부터 손익분기점까지 이 자금을 확보해 버텨야 하는 구간을 '죽음의 계곡death valley'이라고 부른다. 이 죽음의 계곡에서 생존하기 위한 자금 확보가 초기 기업의 가장 큰 숙제이자 위험 요인이다. 과거에는 이 자금을 초기 자본금, 다른 사업에서의 영업이익, 이자와 같은 금융비용을 지불하는 융자 등을 통해 해결했다.

벤처생태계에서는 기존의 방식과는 달리 자금을 확보한다. 기업 가치를 끌어올리면서 벤처캐피털에 액면가의 몇 배로 지분을 양도하면서 얻는 자본이익으로 이를 해결한다. 그래서 벤처생태계 탄생의 추진력 중 하나가 벤처투자다. 벤처투자는 초기 5%의 성공 확률을 가진 벤처기업 20개 정도에 분산투자해 위험을 대비하는 것이다. 이를 가능하게 하는 것은 미래 가치를 주가에 반영하는 벤처기업가치 모델에 근거한다. 이 모델은 상장이나 인수합병에 성공해 회수가 되면 20배 이상의 큰 이익을 얻을 수 있다. 1980년부터 미국 상위 25% 벤처캐피털은 지난 40년간 평균적으로 20% 이상의 연간 수익률을 기록했다. 벤처투자자 입장에서 수익률이 20%면 성공한 벤처기업 CEO는 당대에 조 단위 부자까지도 될 수 있다. 이는 영업이익으로 받을 수 있는 인센티브와 비교할 수 없는 큰 인센티브다.

자본이익으로 인한 분산투자 기법은 다양한 연구결과를 상용화해 시장에서 빠르게 검토해볼 수 있다. 이는 국가 연구비 자원의 사업화를 통해 다시 세금으로 거둬들이는 선순환 구조를 만든다. 우리나라에 분산투자 기법의 펀드가 소련이 붕괴됐을 때 존재했다면 더 많은 러시아 기술을 도입할 수 있었을 것으로 아쉬워하는 의견도 있다. 우리나라 K-방산의 많은 기술이 이 시기에 러시아에서 도입됐는데 초기 투자에서 실적이 없어 중단된 투자가 꽤 있었다고 한다. 국가 전체로는 투자 이익이 있었지만 개별 투자에서는 희비가 엇갈렸던 셈이다. 이 시기에 분산투자 기반의 펀드를 조성해 투자했다면 더 많은 기술을 이전받으면서 국가적으로도 개별 투자에서도 모두 이익을 볼 수 있었을 것이라는 의견이다.

인재 전쟁의 중심이 된 벤처생태계

이러한 인센티브가 가장 높은 수준의 금융 자금과 함께 가장 우수한 인력들을 벤처생태계로 끌어들이는 원동력이 되고 있다. 가장 우수한 자금과 인력의 유입은 다양한 분야의 가장 뛰어난 네트워크가 벤처생태계에 연결된다는 의미다. 이 거대한 네트워크로 벤처생태계의 높은 부가가치를 창출할 수 있다. 이러한 흐름 속에서 벤처생태계는 우수 인력의 고용시장과 긴밀하게 연결된다. 벤처생태계의 확산은 연구 인력의 이동 경로를 바꾸고 젊은 세대에게 도전과 열정을 불러일으키며 결과적으로 연구 인적 구조에 변화를 가져왔다.

벤처생태계 구축을 위한 인력 흐름의 변화는 박사급 연구원 현황을 보면 알 수 있다. 과거에는 박사급 연구원이 국가연구소와 대학 등 공공 부문에 30%, 대기업연구소에 70% 정도 취업하는 것으로 알려져 있었다. 하지만 경쟁력 있는 벤처생태계를 구축한 미국은 현재 박사급 연구원의 30%가 벤처생태계에 진출하고 있다. 그리고 이 중 절반인 15% 정도가 인수합병을 통해 대기업으로 이동하는 인력시장 구조가 형성됐다.

구글의 인사 담당 이사가 "올해 100만 개의 이력서를 받았지만 내가 정말 찾는 인력은 벤처를 하고 있을 것이다."라고 이야기했듯 뛰어난 역량과 열정을 가진 이공계 박사 인력이 벤처 창업을 하고 있다. 나도 이런 경우를 곁에서 본 적이 있다. 한 번은 포스텍에서 교수를 초빙했는데 대학교수 임용을 거부했다. 알고 보니 초빙하는 과정에서 벤처기업 창업을 하기로 했다는 것이다. 이런 경우는 서울대학교 등 다른 대학에서도 종종 볼 수 있다.

과거에는 박사학위 취득 후 대학교수, 국가연구소 연구원, 삼성전자 연구원 순으로 취업 선호도가 있었다. 하지만 지금은 오히려 벤처기업 창업이 새로운 박사들에게 더 매력적일 수 있다. 높은 인센티브가 가장 유능한 인력들을 대기업 취직보다 벤처 창업으로 유도해 대기업보다 벤처기업의 부가가치가 높아지는 현상이 나타나고 있다. 유능한 인력이 결국 부가가치를 만드는 것이다.

이런 흐름으로 국내 최고 연구 중심 대학에서 5~6개의 이공계 실험실마다 하나꼴로 수백억 원 이상의 재력을 가진 벤처기업 선배들이 등장하고 있다. 성공한 벤처사업가로 성장한 이들은 30~40년 전 미국에서와 같이 에인절투자자로서 벤처생태계 조성에 기여하고 있다. 우리나라도 머지않은 미래에 미국과 같이 박사 30%가 창업하는 날이 올 것을 응원한다. 서울대학교에 합격하고 다른 대학에 가는 경우는 매우 드물다. 삼성전자에 합격하고 다른 기업에 가는 경우도 희박하다. 그렇다면 서울대학교 출신으로 상징되는 최고 엘리트 집단은 가장 큰 보상이 있는 벤처로 자연스럽게 향할 것이다.

또한 '오늘 흘리는 땀으로 내일이 이루어진다.'는 관점에서도 설명이 가능하다. 우리나라 현실에서 밤새워 일할 정도로 열심을 내는 시기가 대학 입시를 앞둔 고등학교 3학년이다. 그리고 박사학위를 받기 1년 전 막바지 학위논문을 준비할 때다. 이보다 더한 열심을 벤처기업에서 볼 수 있다. 이공계 박사들이 가장 열정적으로 일하는 시기는 박사학위 받기 전 1~2년, 그리고 벤처 창업 후 시리즈 B 정도의 투자를 받기까지 5년이라고 한다. 벤처기업에서 성공하면 수백억 원에서 수조 원의 부를 축적할 기회가 있기 때문이다. 벤처생태계를 통해 젊은이들이 자신의 열정을 태울 수 있게 하는 기회를 제공한다는 사실만큼이나 국가 미래에 중요한 게 있을까? 성공에 대한 비전은 열정과 열심을 만들고 열정과 열심은 시대정신을 만든다. 현재 미국 젊은이들을 대표하는 것이 '창업 정신 founder spirit'이라고 한다.

대기업에는 현장에서 일어난 문제를 단기적으로 해결하거나 현재 제품이나 공정 기술을 발전시키고 최적화하는 연구를 하는 현장연구소가 있다. 그리고 현재 사업하는 분야에서 미래 제품 또는 미래 공정을 연구하는 선행연구소가 있다. 또한 미래 산업을 개발하는 중앙연구소가 있다. 현장연구소는 1년, 선행연구소는 3년, 중앙연구소는 5년 정도의 미래를 위한 연구로 구분된다. 벤처생태계의 구축으로 대기업의 중앙연구소는 벤처기업을 활용한 미래 기술 센싱과 함께 10~20% 정도의 연구 인력을 벤처기업을 인수합병해 유치하고 있다. 대기업이 벤처기업과의 협력과 인수합병을 중요시하는 이유가 더 우수한 인력이 벤처기업으로 가기 때문이다. 또한 사내벤처 제도를 통해 대기업의 연구 인력이 벤처기업으로 이동하는 현상도 나타나고 있다. 이러한 인력 변화는 미국에서 연구 인력의 분포를 변화시켰다. 현재 연구 인력이 대기업에 40%, 벤처기업에 30%, 국가연구소에 20%, 대학에 10%로 분포하고 있다. 대기업과 기술 벤처의 박사인력 분포가 비슷해지면서 대기업의 연구 인력 독점이 무너졌다.

벤처기업에 투자금이 많아진다는 것은 대기업 못지않게 부가가치가 발생하고 고급 일자리가 생겨남을 뜻한다. 즉 국가의 고용 시스템 또한 크게 변화하는 것으로 이해할 수 있다. 지식집약적 신산업의 성장으로 박사급 연구 인력의 진로가 변화하고 양질의 일자리가 창출되는 것이다. 결국 국가의 미래가 청년 과학도의 도전과 기업가정신으로 결정된다는 것이 지금의 시대정신이다.

3
시대정신인 벤처생태계

 벤처생태계는 오늘날 경제 분야에서 가장 중요한 시대정신이다. 가장 우수한 인재와 자본이 모여 새로운 시장을 창출하고 가장 뜨거운 최신 지식을 만들어내는 중심지가 바로 이 생태계이기 때문이다. 이러한 시대정신은 점차 가장 효율적인 시스템으로 발전하며 글로벌 스탠더드를 형성한다. 그 흐름을 인식하지 못하는 국가와 기업은 뒤처지고 도태되지만 이를 적극적으로 받아들이는 국가와 기업에는 새로운 기회의 문이 열린다. 이처럼 벤처생태계는 기회이자 위협이 될 수 있는 결정적인 요소다.
 이제는 벤처생태계를 국가의 새로운 경제 엔진이라는 관점에서 살펴보자. 또한 연구 중심 대학 기반의 혁신 클러스터인 실리콘밸리와 같은 벤처밸리의 사례 그리고 이로부터 파생되는 오픈 이노베이션 시대의 도래라는 시대 변화를 읽어보자.

국가의 새로운 경제 엔진

세계 경제의 변화 속에 지난 70년간 한국 경제는 눈부시게 성장했다. 지금 세계는 유럽의 몰락과 일본의 위축을 경험하고 있다. 그에 반해 미국과 이스라엘은 혁신 벤처생태계 구축으로 경제를 견인하고 있다. 과연 대한민국 경제의 미래는 어떻게 될 것인가?

"올해 우리나라는 최초로 무역 1조 달러 클럽에 가입했습니다. 수출에서는 전 세계 땅의 25%를 차지하던 대영제국을 넘어 세계 7위를 차지했습니다. 현재 대한민국은 제조업 기반 세계 수출의 85%를 차지하는 7대 제조업 전체를 보유하고 있는 5개국 중 하나로 제조업 강국이 됐습니다. 한때 대한민국의 국내총생산이 아프리카 54개국 전체 국내총생산을 넘어선 적도 있습니다."

지난 2011년 말 운전 중 라디오에서 들은 이야기다. 너무 가슴이 벅차고 감동스러웠다. 선배 세대에 대한 감사가 마음속에서 올라왔다. 한국전쟁 직후 세계에서 가장 가난한 나라인 대한민국이 2005년 세계 10위권 경제 대국으로 성장해 식민지를 겪은 국가들의 희망이 됐다. 지난 70년간 대한민국을 이끌어온 세대들은 한반도 역사상 가장 성공적인 세대였다.

2011년 세계 제조업 5대 강국은 부가가치 기준으로 중국, 미국, 일본, 독일, 한국 순이었다. 당시 제조업 7대 분야는 자동차, 소재·부품, 석유화학, 반도체, 가전, 통신·IT, 선박·항공이었다. 여기에 농수산, 바이오신약, 콘텐츠·소프트웨어를 더하면 수출을 주도하는 10대 품목이 된다. 이 제조업 5대 강국의 2011년 대비 2024년 국내총생산을 비교하면 중국은 165%, 미국은 91%, 일본은 −30%, 독일은 27%, 한국은 51% 성장했다. 중국과 미국에 비해 일본과 독일의 성장률이 매우 뒤떨어진다. 일본은 노령화와 엔저로 오히려 마이너스 성장을 했다. 한국은 미국과 유럽 또는 미국과 일본의 중간 갈림길에 있는 듯하다. 왜 이런 일이 일어날까? 여러 이유가 있겠지만 벤처생태계로 한번 살펴보자.

미국 시가총액 상위 7개 기업인 매그니피센트 7은 모두 벤처로 시작한 빅테크 기업들이다. 미국 시가총액 상위권 기업은 끊임없이 변화한다. 이 말인즉슨 기득권이 유지되지 못하고 있다는 것이다. 이에 비해 유럽과 일본에는 이렇게 벤처로 시작해서 시가총액 상위 기업으로 성장한 빅테크 기업들이 없다. 그래서 시가총액 상위 기업이 미국과 다르게 큰 변동 없이 기득권이 유지되고 있다. 여전히 BMW, 루이뷔통, 토요타를 수출하고 있다. 애플, 구글, 테슬라, 엔비디아 등 미국의 혁신 플랫폼 기업과 같은 기업이나 제품을 찾기 힘들다.

카카오톡과 같은 메신저를 보면 미국, 중국, 한국은 자국 제품을 사용하는 데 비해 유럽은 미국 제품, 일본은 한국 제품을 사용하고 있다. 유럽이나 일본과 달리 오히려 싱가포르가 미국, 중국, 한국과 함께 아세안 시장을 기반으로 플랫폼 기업을 창업해 자국 플랫폼을 구축하고 있다. 유럽과 일본은 연구비 예산이 많은데도 젊은 창업자를 통한 벤처생태계 구축에 어려움을 겪고 있다. 여전히 대기업 중심의 신사업 전략으로 기득권 기업의 특권이 유지되고 있다. 그만큼 사회경제적 역동성이 떨어졌다. 벤처 창업이 없는 것은 아니지만 미국으로 이동해 오히려 자국 경제보다 미국 경제에 활력이 되고 있다.

유럽과 일본은 지식혁명 동참에 실패한 것인가? 왜 혁신산업 형성에 실패한 것인가? 유럽은 1960년대 전 세계 국내총생산의 40% 이상을 차지했지만 2020년대는 20% 초반대로 떨어졌다. 반면 아시아는 1960년대 15%를 간신히 넘겼지만 2010년대 중반부터 40% 이상을 차지하고 있다. 미국은 꾸준히 25% 이상을 유지한다. 국내총생산만 보면 유럽이 쇠락하고 아시아가 성장하는 것으로 해석된다. 일본은 2010년대 초 1인당 국내총생산이 5만 달러에 근접했지만 2023년에 한국에 역전됐다. 반면 2000년대 중반 우리나라와 1인당 국내총생산이 비슷했던 이스라엘은 2021년부터 5만 달러를 넘어서고 있다. 이스라엘은 그 이유로 연구결과를 빠르게 상용화하는 벤처생태계 구축으로 들고 있다.

대한민국은 갈림길에 서 있다. 미국과 같은 혁신의 길로 갈 것인가? 아니면 유럽과 일본의 저성장의 길로 갈 것인가? 우리나라는 혁신 기업이 만들어지고 성장하는 데 좋은 요인들을 갖추었다. 이미 네이버, 카카오, 쿠팡과 같은 플랫폼 기업들이 설립돼 시가총액 상위권으로 올라오고 있다. 플랫폼, 게임, 웹툰 등의 산업이 젊은 창업 세대를 통해 만들어졌다. 또한 대한민국은 세계 최대 규모의 가전·IT 제품 전시회인 국제가전제품박람회CES 2025에서 가장 많은 벤처기업을 참가시킨 국가다. 벤처기업 전시관인 유레카 파크에 참가한 기업의 48%가 한국 기업이었다. 2024년 서울은 세계에서 창업하기 좋은 도시 9위로 평가됐다. 실리콘밸리, 뉴욕, 런던, LA, 텔아비브, 싱가포르, 베이징, 서울, 도쿄 순이었다. 그리고 대한민국은 세계적인 수준의 연구개발 시스템을 구축하고 있다. 2023년 연구개발 예산이 국내총생산의 5%에 근접해 이스라엘에 이어 세계 2위를 차지했다.

국방, 복지, 지방 소멸, 인구절벽 등 모든 국가정책에는 경제적인 지원이 필요하다. 한 나라의 경제 핵심은 생산을 담당하는 기업이다. 미래 경제는 미래 기업이 담당한다. 미국을 보면 시가총액 상위 기업이 모두 벤처 출신이다. 현재 가장 우수한 인력과 금융이 모여 가장 영향력이 큰 지식을 창조하는 것이 벤처생태계다. 즉 미국의 벤처생태계가 시대정신으로 떠올라 게임의 룰이자 가장 효율적인 글로벌 스탠더드가 됐다. 한국 경제가 국내총생산 3만 달러를 넘어 5만 달러 시대로 도약하기 위해서는 미국이 만드는 글로벌 스탠더드를 빠르게 따라가야 한다. 지난 세대가 만든 대기업 경제 엔진에다가 벤처생태계라는 새로운 경제 엔진을 추가해야 할 때다.

세계는 지금 테크노믹스 시대다. 우리나라는 시장과 금융에서 미국과 비교가 안 된다. 결국 우리나라는 기술에 승부를 걸어야 한다. 현재 경제 위기도 혁신적인 청년 창업가들이 있다면 극복할 수 있다. 20대와 30대 청년 벤처 CEO를 배출하는 데 국가적인 역량을 모아야 할 때다. 가난한 나라와 부유한 나라는 모두 고등교육을 받은 정치인과 교수들이 있다. 가난한 나라와 부유한 나라의 차이는 기업에 있다. 부유한 나라는 기업이 있고 가난한 나라는 기업이 없다. 청년 창업가가 만든 스타트업의 질과 양이 국가 경쟁력이며 향후 한 세대가 지난 수 세기보다 더 큰 변화를 이끌 것으로 예측한다.

교육으로 성장한 대한민국

자원도, 자본도, 기술도 부족했던 대한민국이 발전할 수 있었던 배경에는 교육의 힘이 있었다. 벤처생태계에서 연구 중심 대학의 역할을 본격적으로 살펴보기에 앞서 먼저 우리나라 교육의 역사부터 짚고 넘어가 보자. 이러한 역사적 맥락 속에서 산학협력을 기반으로 한 벤처생태계의 구축과 벤처생태계 안에서 대학이 수행해야 할 역할을 이해할 수 있기 때문이다.

우리나라는 제2차 세계대전 이후 식민지 지배를 겪고 독립한 국가 중 산업화와 민주화를 동시에 이룩한 유일한 사례다. 전 세계에서 산업화와 민주화 모두를 이룩한 국가는 20개 남짓이라고 한다. 우리는 세계사에 유례가 없는 위대한 역사를 만들었다. 한국전쟁

직후 소말리아를 제외하고 세계에서 가장 가난한 국가로 출발했으나 국내총생산 측면에서 1969년에 필리핀, 1980년에 터키, 1988년에 아르헨티나를 넘어섰다. 2024년에는 중국, 미국, 독일, 네덜란드, 일본에 이어 세계 6위의 수출 대국으로 성장했다. 2010년에 『이코노미스트』는 한국을 '완전한 민주주의full democracy' 국가로 분류했고 아시아에서 가장 앞선 세계 20위의 민주국가로 평가했다. 우리나라는 '원조를 받은 나라에서 원조를 하는 나라'로 변모했다. 많은 개발도상국이 이러한 우리의 역사를 부러워해 우리나라를 역할모델로 삼고 있다.

국토 면적이 대단히 작고 부존자원도 거의 없는 한국이 어떻게 이와 같은 위대한 역사를 이루었을까? 그 성취의 근간은 훌륭한 인력이다. 따라서 이들을 키워낸 한국의 교육이 효율적이었음을 부인할 사람은 없을 것이다. 한국의 교육은 주입식 교육이라는 비판적인 요소보다 긍정적인 요소가 훨씬 많았다. 한국은 넓은 국토 면적이나 풍부한 자원보다 훨씬 더 중요한 것이 인력과 교육이라는 사실을 전 세계에 증명한 것이다. 일본의 아쿠시지 타이조의 저서 『테크노 헤게모니』를 보면 한 국가의 흥망성쇠는 지식인과 과학기술 인력을 양성하는 교육에 좌지우지되며 어느 국가라도 훌륭한 교육만 있다면 성장할 수 있다.

우리 교육의 역사는 어떤 과정을 거쳐 왔기에 이러한 경쟁력을 갖출 수 있었을까? 주로 학교를 통해 이루어지는 교육은 시대에 따라 변화하는 목표를 지향한다. 실제로 1950년대 한국전쟁 이후 우리나라의 가장 절박한 교육목표는 문맹 퇴치였다. 그때는 국민의 80% 이상이 문맹이었다. 당시 정부는 문맹 퇴치를 최우선 과제로 삼았다. 전체 국가 예산의 약 40%가 미국에서 오는 원조 자금이었음에도 초등교육을 의무로 정해 문맹을 빠르게 해소했다. 여기에는 뛰어난 교사들이 있었다. 일제 강점기에 가장 우수한 인력이 사범학교로 진학해 교사가 됐다. 그 시절에는 가장 우수한 엘리트 집단이 교사들이었다.

중화학공업의 기치를 내건 1970년대는 원리를 모른 채 기계를 들여와 중화학공업 시스템을 구축하던 시기다. 이때는 무엇보다도 가공, 열처리, 금형 등의 산업 기능 인력이 절실했다. 정부는 병역특례 등 각종 혜택을 제공하면서 기계공고와 전자공고 등을 설립해 기능 인력을 대거 배출했다. 당시 기능올림픽에서 금메달을 딴 기능 인력들이 시가행진하고 9시 뉴스 톱기사로 대접을 받았던 장면이 눈에 선하다. 일제 강점기에 일본인과 경쟁한 경험이 있는 한국인은 일본이 하면 한국도 할 수 있다는 자신감이 바탕에 있었다고 한다.

1980년대 중반부터는 원리를 모른 채 들여오는 기술이전만으로는 더 이상 발전하기가 어렵게 됐다. 이 시기부터 연구개발을 기반으로 한 기술의 국산화 시대로 접어들었고 이공계 대학들은 연구중심 대학이라는 기치를 내걸었다. 연구개발을 담당할 석·박사 인력들을 배출하면서 자동차 엔진의 국산화 등 세계 시장에서 조선, 석유화학, 원자력, 자동차, 반도체 등의 글로벌 경쟁력을 확보할 수 있도록 박차를 가했다. 우리나라는 지난 30여 년간의 노력으로 연구 시스템이 거의 완성돼 대학, 기업, 국가 등 각 단위에서 선진국 수준의 연구 분업화를 이루게 됐다.

2000년대에 들어서 지식혁명으로 인해 새로운 IT 시장이 급속하게 확장됐다. 당시에 배출된 석·박사 인력들은 새로운 기업들을 창업했고 네이버, 카카오, 쿠팡 등과 같은 현재의 IT 기업들로 발전했다. 비슷한 시기 넥센, 크래프톤, 넷마블, 엔씨소프트 등 게임회사들이 창업돼 새로운 게임 시장을 창출했다. 이후 연예기획사들이 벤처투자로 창업돼 우리나라의 한류를 이끌었다.

이렇게 우리나라의 교육은 시대가 요구하는 인력을 지속적으로 훌륭하게 배출했다. 그러면 또다시 20년이 흐른 오늘의 시점에서 우리가 지향해야 할 교육목표는 무엇일까? 이제 한국의 산업은 추종자fast follower에서 선도자first mover로의 변화를 요구받고 있다. 대기업 주도의 추종자 시기에는 연구의 성공 확률이 100%인 데 반해 선도자 시기에는 5%로 줄어들기 때문이다. 이 상황에 가장 효율적인 기술 벤처기업을 통한 새로운 혁신 시스템을 창출해야 한다. 따라서 이에 걸맞은 새로운 인력이 필요하다. 이를 위해 대학과 기업이 협력적으로 융합해 기술 벤처생태계를 형성해야 한다.

지금은 새로운 교육 가치를 창출해야 할 시기다. 미국과 같이 대학에서 배출되는 박사 인력의 30%가 벤처생태계에 참여하고 글로벌 비즈니스를 위해 해외 진출이 가능한 인력을 배출하는 것이 우리나라의 당면 과제라 할 수 있다. 물론 우리는 현재 눈앞에 놓인

과제가 만만치 않다. 지난 시대에 직면했던 사명처럼 결코 쉬운 일이 아니다. 그러나 우리는 지금까지 자랑스러운 역사를 만들어낸 선배들의 도전 정신과 교육 정신을 이어받아 반드시 창조하고 해결해야 할 과제를 올바르게 인식해야 한다.

  4차 산업혁명이라는 환경 또한 우리에게는 위기이자 기회다. 우리나라는 전 세계에서 가장 빠른 IT 인프라와 뛰어난 전문 인력을 보유하고 있다. 지금은 공학과 인문·사회학의 융합이 필요하다. 한류가 전 세계에 영향력을 끼치는 것과 같이 이제 국가 역량을 다시 한번 통합해 인류의 새로운 융합 문명을 선도하는 한국의 미래를 함께 만들어가야 하지 않을까?

대학 중심 벤처밸리의 혁신

  대학은 벤처생태계의 중심이다. 이러한 모델의 대표 사례가 실리콘밸리다. 특이한 것은 실리콘밸리에서 공립대학보다 사립대학의 역할을 강조하고 있다. 이런 대학 중심의 벤처생태계는 어떤 특성을 갖추고 있을까?

  흔히 벤처생태계가 구축된 지역을 '벤처밸리'라고 부른다. 미국 캘리포니아주에 있는 실리콘밸리는 대표적으로 널리 알려진 벤처밸리다. 이 실리콘밸리를 설명하는 모델 중 하나가 '볼텍스 대학 모델Vortex University Model'이다. 대학을 벤처밸리의 핵심 요건으로 생각하는 것이다. 전 세계에 벤처밸리가 있는 도시에는 모두 연구 중심 대학이 있다. 연구 중심 대학은 특허로 기술 보호를 받을 수 있는 연구 기능과 주당 100시간씩 일을 할 수 있는 도전적인 젊은 인재를 배출할 수 있기 때문이다.

일반적으로 대학을 '웨이 포인트 대학Way Point University'이라고 부른다. 사람이 살아가는 인생의 길way에서 대학을 하나의 점point으로 생각하는 것이다. 대학을 졸업한 후 대학과 관계없이 살아가는 사람들에게 대학은 그저 스쳐 지나가는 한 시기일 뿐이다. 이에 비해 볼텍스 대학은 대학 주변에서 소용돌이vortex처럼 돌면서 살아간다는 것을 의미한다. 대학에서 연구한 연구결과를 기반으로 대학 주위에서 창업하고 대학과 협력해서 연구와 상용화를 지속한다.

초기에는 동문 중심의 창업생태계가 형성된다. 이렇게 형성된 창업생태계가 경제적으로 높은 경쟁력을 가져 다른 지역의 타 대학 출신들도 참여해 개방형 창업생태계로 발전한 게 실리콘밸리라 할 수 있다. 대학 캠퍼스를 초월해 지역 혁신 생태계를 구축해서 지역 경제에 활력을 불어넣는 것이 볼텍스 대학 모델이다.

혁신 벤처밸리에서는 대학에서 배출하는 박사들의 30%가 10년 안에 벤처기업과 관련된 일을 하고 그 지역을 넘어 글로벌 비즈니스로 확장하는 특성을 갖추고 있다. 성공적인 연구 중심 대학으로 성장했다면 다음 단계로 창업생태계를 구축한 가치 창출 대학으로 발전하는 것이다. 국가의 미래 경쟁력을 위한 벤처생태계 구축의 핵심은 대학의 변화다. 대학은 새로운 시대에 필요한 창업생태계

인력을 배출하는 교육적 가치로 국가 경쟁력에 기여한다.

일반적인 인문·사회학 중심의 대학은 예산의 80%가 학생들이 내는 학비이며 외부에서 20%를 조달하면 대학 운영이 가능하다. 반면 이공계대학은 실험 실습으로 인해 대학 예산에서 학비가 차지하는 비중이 20% 미만이고 외부에서 80% 이상이 조달해야 대학 운영이 가능하다. 이공계대학은 초기 투자 비용이 많이 들기 때문에 사립으로 건립되기가 쉽지 않다. 유럽과 일본에 사립공과대학이 없는 것은 아니지만 미국 사립공과대학과 같이 세계적으로 알려진 대학은 거의 없다.

미국에서는 실제로 사립공과대학이 실리콘밸리와 같은 혁신 벤처밸리의 중심에 있다. 실리콘밸리에는 세계적인 대학으로 사립인 스탠퍼드대학교와 주립인 캘리포니아대학교 버클리가 있다. 벤처 생태계에서는 그중에서 스탠퍼드대학교가 주로 언급된다. 그 이유가 무엇일까? 대학의 홍보자료를 보면 힌트를 얻을 수 있다.

사립대학교의 홍보자료에는 동문 기업을 주로 소개하는 데 반해 공립대학교의 홍보자료에는 주지사나 국회의원 등 정치인을 주로 홍보한다. 공립대학교에 필요한 예산은 주로 세금에서 나오기 때문에 정치인과 공무원의 네트워크가 중요하다. 학생들에게 대학에서 좋은 교육을 받았으면 정치인과 공무원이 돼 대학이 더 많은 세금을 쓸 수 있도록 지원해달라는 것이다. 이렇게 하는 것이 공립대학이 더 많은 예산을 확보하기 위한 자연스러운 노력이다.

사립공과대학은 필요한 80%의 예산 중 많은 부분이 대학의 재단에서 나온다. 재단으로 들어오는 기부금의 90%가 동문 기업으로부터 온다. 그러다 보니 이들과의 네트워크와 홍보가 매우 중요하다. 공립대학교와 달리 학생들에게 학교에서 좋은 교육을 받았으면 창업해서 성공하고 재단에 기부해달라는 것이다.

사립대학의 예산 구조가 벤처생태계를 구축하는 데 공립대학교보다 자연스럽다. 또한 동문 기업의 지원으로 벤처생태계를 구축하기가 훨씬 쉽다. 유럽, 일본과 다르게 다이내믹한 미국 경제는 기존 대기업의 기득권이 유지되지 않고 끊임없이 혁신기업을 배출하고 있다. 이에 대한 교육적인 이유, 더 나아가 근원적인 이유로 사립공과대학의 청년 기업가정신을 들기도 한다. 이는 이스라엘의 벤처생태계를 견인하는 도전 정신인 '후츠파 정신'에 비견된다.

우리나라에서도 교육부 산하의 국립대학인 서울대학교와 과기부 산하의 국립대학교인 카이스트보다 포스텍과 연세대학교 같은 사립대학교가 벤처생태계를 만들어야 하는 이유가 더 절실하다. 포스코가 설립한 포스텍은 혁신 벤처밸리를 구축하는 성공 사례로 대학 중심의 벤처생태계 모델이 될 수 있다. 우리나라의 대학 중심 벤처생태계 구축을 위해 사립대학의 활약을 기대하고 응원한다. 첫 성공 사례를 만드는 것은 매우 어렵지만 성공 사례의 확산은 상대적으로 쉽다.

오픈 이노베이션의 시대정신

벤처투자를 받은 기업들이 전 세계에서 매년 수만 개씩 쏟아지면서 연구와 신사업의 지형이 크게 변화했다. 이는 연구와 신사업에 대한 오픈 이노베이션 시대를 열었다. 내부의 힘만 가지고 연구와 신사업을 하는 유기적 성장organic growth 시대에서 외부를 활용해 연구와 신사업을 하는 무기적 성장inorganic growth 시대로 전환했다.

인류사에 면면히 흐르고 있는 폐쇄형 사회보다 개방형 사회가 훨씬 더 발전한다는 이론이 연구와 신사업 분야에도 확대됐다. 가장 효율적인 시스템이 글로벌 스탠더드가 되면 이를 따라가지 못한 국가나 기업이 도태되는 것을 역사를 통해 보아왔다. 이러한 전철을 밟지 않으려면 개방형 글로벌 스탠더드의 중요성을 깨달아야 한다. 그러기 위해서는 글로벌 스탠더드와 관련한 정치와 무역의 역사를 먼저 알아보자. 그 역사의 궤적을 훑으면서 오픈 이노베이션으로서 벤처생태계를 이해할 수 있다.

먼저 정치 시스템의 글로벌 스탠더드와 국가의 흥망에 대해서 알아보자. 역사를 들여다보면 세계의 변화에 민감하고 가장 효율이 높아 시스템으로 자리 잡게 된 글로벌 스탠더드의 중요성을 말해준다. 만약 글로벌 스탠더드를 따라가지 못하고 경쟁에서 뒤처질 때 국가나 조직이 쇠퇴하거나 심지어는 멸망하기도 한다.

이중톈은 저서 『국가란 무엇인가』에서 중국 역사를 통해 가장 효율적인 정치 시스템을 언급한다. 고대 중국은 초기 원시사회에서 씨족 국가로 시작해 여러 씨족 국가를 모아 부족 국가로 발전했다. 이후 여러 부족 국가들을 통합하기 위해 중앙의 왕과 지방의 제후들이 맺은 계약에 의한 봉건제도로 발전했다. 이후 중국은 진나라를 통해 중앙집권제가 도입됐다. 이중톈은 경제적으로 더 뛰어난 노나라나 제나라가 아니라 진나라가 중국을 통일한 이유로 봉건제도보다 훨씬 개방적이고 효율적인 정치 시스템인 중앙집권제도를 도입했기 때문이라고 설명한다. 그런데 청나라까지 유지되던 중앙집권제도는 유럽 국가들에게 청나라가 멸망하면서 사라졌다. 이는 유럽에서 발전된 공화정이 중앙집권제도보다 더 개방적이고 효율적인 정치 시스템이었기 때문이다.

이를 정치 철학적인 측면에서 살펴보면 다음과 같다. 동아시아에서는 부족 국가 시대의 정치철학으로 불교를 받아들였다. 부족 국가 사이에 협력이 가능하도록 상호 인정하는 글로벌 스탠더드인 공통적인 철학이 필요했기 때문이다. 이는 봉건국가로 쉽게 전환하는 데 도움이 됐다. 이후 중앙집권제도의 정치철학은 유교였다. 가정에서 부모에 대한 효를 국가에서 왕에 대한 충으로 발전시킨 철학이다. 그런 유교가 중앙집권제도를 지지하는 정치철학으로 발전해 국가적으로 받아들여졌다. 기독교 왕국인 서양에서는 『성경』에 기반해 '하나님이 왕을 정했기 때문에 순종해야 한다.'는 왕권신수설이 중앙집권제도를 지지하는 정치철학으로 발전해 받아들여졌다. 그러다가 종교개혁이 일어나 이전의 왕권신수설을 부정하고 더 효율적인 공화정과 자유민주주의 정치제도가 도입됐다. 『성경』을 새롭게 해석하고 타인에게 양도할 수 없는 천부인권 기반의 사회계약설을 정치철학으로 발전시켰다.

최근 역사인 중국과 일본의 근대화 과정에서 글로벌 스탠더드로 가려는 노력을 살펴보자. 조선과 청나라는 근대화에 실패를 겪었다. 하지만 일본은 달랐다. 일본은 어떻게 근대화에 성공했을까? 일본은 메이지유신 때 자신의 것을 완전히 버리고 서양을 철저하게 흉내 낸다고 해서 원숭이라는 별명이 붙었다는 이야기가 있다. 물론 일본도 존왕양이의 통상수교거부정책도 있었고 화혼양재와 같은 서양의 기술만 받아들이자는 의견도 있었다. 하지만 메이지유신의 주된 세력은 완전한 변화를 추구했다.

이에 비해 청나라는 동도서기라고 해 기술은 서양을 따랐지만 정신적인 면은 서양보다 자신들이 우월한 역사를 가지고 있다는 의식을 고수했다. 이러한 배경으로 양무운동을 전개했고 어느 정도 성과를 거두기도 했다. 하지만 완전히 변화하는 데 어려움이 있었다. 그 결과 청일전쟁에서 인구가 청나라의 10분의 1밖에 되지 않는 일본이 당시 세계 최고의 해군력을 가지고 있다고 평가되던 청나라에 승리를 거두었다. 이후 지금까지 서양에서 동양 문화는 일본 문화로 대변됐다. 원숭이라는 소리까지 들어가면서 철저한 개혁을 한 결과 경제력은 나날이 발전했고 자신의 문화도 다시 꽃피워 전파하게 된 것이다. 결국 경제가 가장 중요하고 정치도 경제를 위해 존재하는 것이다. 이렇듯 일본과 중국의 사례를 보면서 우리는 자신의 것을 지키는 방식에 대해서 정말 고민해야 한다.

한반도의 역사에서도 글로벌 스탠더드를 따라가려는 피나는 노력을 볼 수 있다. 고구려, 백제, 신라의 삼국시대에 글로벌 스탠더드인 불교를 받아들인 것은 내부 결속과 외교 강화 등 생존력을 위한 경쟁력을 높인 것으로 해석할 수 있다. 신라에서 불교를 수용한 법흥왕은 왕의 이름에서 그가 얼마나 글로벌 스탠더드를 따라가기 위해 노력했는지를 느낄 수 있다.

조선은 당시 글로벌 스탠더드인 성리학과 강남농법을 따라가기 위해 불교사찰의 수를 90% 줄이는 등 국가적인 노력을 기울였다. 여진족의 금나라에 쫓겨 내려온 남송은 양쯔강 유역에서 농업 혁명으로 세계적인 경제 성공을 이뤄냈다. 이를 강남농법이라고 한다. 「흥부전」에 나오는 강남이다. 특히 세종은 이 강남농법 도입을 위해 선비 제도 도입과 확립, 고려 때 장가를 가는 모계사회에서 시집을 가는 부계사회로의 결혼제도 변화, 집현전 설립, 측우기와 해시계의 도입과 발명 등 당시로서는 혁신을 추구하면서 조선의 전성기를 이루었다. 그러나 이러한 혁신 추구가 조선 말까지는 이어지지 못했다. 서구가 구축한 글로벌 스탠더드를 따라가는 데 실패하고 말았고 일본의 식민지가 되는 수치를 당해야만 했다.

일본의 식민지라는 어두운 터널을 지나 한국전쟁까지 겪은 대한민국의 미래는 누가 봐도 암울했다. 그러나 자유민주주의와 시장경제라는 글로벌 스탠더드를 적극적으로 따라가면서 '한강의 기적'이라는 큰 성공을 거두게 된다. 그 덕분에 선진국 대열에 진입할 수 있었다. 그에 반해 북한은 공산주의 독재라는 효율이 낮은 정치 시스템으로 세계 최빈국의 나락으로 떨어졌다. 이러한 일련의 역사적 과정을 돌아보면 분명한 시사점을 얻을 수 있다. 우리는 생존과 번영을 위해 게임의 룰과 글로벌 스탠더드가 어떻게 바뀌는지를 알아보고 따라가려는 노력을 게을리하지 않아야 한다.

세계 무역의 역사를 보면 개방과 혁신의 중요성은 더욱 두드러진다. 세계무역이 본격적으로 이루어진 시기는 13세기로 볼 수 있다. 유라시아에 걸쳐 광대한 영토를 차지한 원나라가 실크로드를 동서양의 무역로로 지원하기 시작한 때부터였다고 한다. 실크로드는 기원전 2세기 한나라 시기에 유럽과 중국 사이에 교역로가 연결된 것을 그 기원으로 한다. 기원전 5세기 페르시아제국이 유럽과 인도 사이의 광활한 영토를 차지하면서 '왕의 대로'라는 무역로가 만들어졌다. 이것이 한나라 시기에 중국과 연결된 것이다. 8세기에는 실크로드를 통한 무역이 더욱 발전해 당시 당나라는 한족이 세운 중국 국가 중 최전성기를 구가한다. 이때 통일신라도 실크로드의 동쪽 끝단으로 연결돼 아라비아와 교역하는 등 한국 역사의 전성기 중 한 시대를 장식했다.

실크로드 무역은 원나라 시대에 한층 발전해 완성도가 높아졌다. 30~40킬로미터마다 역참을 설치해서 외교관이 사용하는 시설을 상인에게도 허용하고 금융도 지원해 무역이 본격적으로 이루어졌다. 이때 중국의 차와 도자기 그리고 인도의 향신료가 유럽으로 들어갔다. 그 덕분에 수질이 좋지 않아 남녀노소가 다 맥주나 와인 등 술을 마시는 유럽 문화가 차를 마시는 문화로 바뀌기 시작했고

고기에 향신료를 넣고 훈제하는 음식들이 개발됐다. 콘스탄티노플(이스탄불)과 베니스도 이때부터 무역으로 많은 부를 쌓게 됐다. 원나라 제국은 무역의 발달로 전성기를 누리면서 부녀자들이 저녁에도 안심하고 돌아다닐 수 있는 치안까지 완성돼 '팍스 몽골리카'라고 불리는 평화의 시대를 구가했다.

이후에 원나라가 쇠퇴하고 명나라와 오스만튀르크가 번성하면서 실크로드를 통한 국제무역은 차츰 쇠퇴했다. 차와 향신료를 원하는 귀족들의 욕구에 포르투갈이 서아프리카를 거쳐 남아프리카 희망봉을 지나 인도와 무역을 하는 항로를 개발했다. 인구 200만 명 정도의 포르투갈이 전 세계 해양을 장악해 막대한 부와 식민지를 건설했다. 포르투갈의 세계 진출은 우리에게도 영향을 끼쳤다. 포르투갈 상인이 전해준 조총으로 일본은 임진왜란을 일으켜 침략했다.

15세기 무렵이 되자 무역은 실크로드로 대표되는 대륙 세력에서 해양 세력으로 이동했다. 포르투갈의 세계 진출에 자극을 느낀 스페인은 이탈리아 제노바 출신 크리스토퍼 콜럼버스를 지원하면서 아메리카 대륙을 발견했다. 그 후로 전 세계의 해양 권력은 포르투갈에서 스페인으로 넘어가게 됐다. 스페인의 세계 진출은 화려했다. 멕시코를 정복한 스페인은 마젤란이 태평양 항로를 개척한 것에 따라 필리핀도 정복해 식민지로 만들어 전 세계의 항로를 연결했다. 스페인의 은화인 페소는 은을 화폐로 통용하는 명나라의 정책으로 최초의 세계 기축통화가 됐다. 이즈음에 우리나라의 은 제련 기술이 일본으로 건너갔고 일본은 엄청난 부를 이루었다. 중국 명나라가 차를 팔아서 얻은 은의 3분의 1이 인삼 대금으로 누르하치에게 넘어가 청나라가 건설되는 토대가 됐다. 스페인은 무적함대를 기반으로 전 세계를 장악한 해양권을 통해 막대한 부와 식민지를 개척했다.

　종교개혁 이후에는 스페인과 포르투갈 등 가톨릭 중심의 해상 패권이 개신교 중심의 네덜란드, 영국, 미국으로 넘어갔다. 개신교 정신으로 스페인과 전쟁해 독립한 현대 최초의 공화국인 네덜란드는 유럽 내 가톨릭 국가와 무역하는 데 어려움을 겪게 됐다. 네덜란드는 눈을 해외로 돌렸다. 인구 180만 명 중 120만 명이 해외에서 활동할 정도로 해외 진출이 활발했고 해외로 가는 위험을 분산하기 위해 주식회사, 증권거래소 등을 시작하고 발전시켰다. 대한민국의 절반 정도 면적인 작은 나라가 막대한 부를 축적하고 전 세계에 식민지를 개척했다. 일본에서는 네덜란드 학문인 '란가쿠蘭學'가 발전할 정도로 영향력이 세계적이었다. 조선 도공들로부터 전수된 일본의 야마토 도자기가 네덜란드에 팔려서 메이지유신의 비용 30% 정도를 충당했다고 한다.

　네덜란드에 이어 등장한 해상 패권 국가는 영국이다. 영국은 엘리자베스 여왕의 무역정책을 통해 스페인과 네덜란드를 꺾고 세계 해상권을 장악해 해적의 나라에서 해가 지지 않는 대영제국으로 변모했다. 그리고 영국, 아프리카, 미국을 연결해 방직, 노예, 면화로 이어지는 삼각무역으로 막대한 부를 차지했다. 전 세계에 식민지를 만든 영국은 야만인이라는 과거의 부정적인 이미지를 탈피하며 막강한 제국의 위용을 자랑했다. 노예제를 반대한 국회의원 윌리엄 윌버포스를 통해 노예무역을 금지함으로써 해적의 나라에서 신사의 나라로 탈바꿈했다.

영원히 해가 지지 않을 듯했던 영국은 두 번의 세계대전을 거치면서 점차 국력이 쇠락해졌다. 제1, 2차 세계대전 이후 전 세계 해상 장악권은 미국으로 넘어갔다. 이후 명실상부하게 세계 최고의 패권국이 된 미국은 칸트의 영구평화론을 실현하는 '팍스 아메리카나' 시대를 열었다. 칸트는 '전 세계가 무역으로 이권이 연결되면 서로 전쟁 없이 평화가 유지된다.'는 영구평화론을 주장했다. 미국은 세계 경찰국가를 자처하면서 압도적인 군사력으로 전 세계 해상을 장악해 전 세계가 자유로운 무역을 할 수 있도록 평화를 유지하고 있다.

작고 영향력 없는 초라한 변방의 국가들이 해외 무역에 뛰어들어 엄청난 부와 세계적인 영향력을 미친 역사를 조명해보면 파란만장히다. 무역에 필요한 길과 항로를 개척하기 위해 엄청난 도전과 수많은 희생이 점철된 역사였다. 그만큼 큰 대가를 치렀지만 그 열매는 세계를 변화시켰고 풍요를 선사했다. 이렇게 무모하게 보이는 도전을 지구상 어딘가에서 누군가가 늘 시도하고 있다. 그래서 혁신은 외부에서 일어날 확률이 높다. 폐쇄적인 국가와 기업이 망하게 되는 이유다.

대한민국도 수출로 성장하고 성공한 나라다. 이승만 초대 대통

령은 자신의 박사학위 논문 「미국의 영향을 받은 중립」에서 무역과 통상을 강조하고 있다. 그가 가진 자유에 대한 사상은 다음과 같다.

"우리가 일제에 대항해서 독립운동을 하는 것은 일본이 개인의 자유를 구속하기 때문이다. 자유 개념은 서양 국가에서 온 개념으로 타인에게 양도할 수 없는 천부인권에 기인한다. 자유는 경계를 넘어가는 것이다. 세계는 국가의 경계를 넘어 무역과 통상이 필요하다. 그 이유는 하나님이 지구를 불평등하게 창조하셨기 때문이다. 어느 지역에는 금, 어느 지역에는 석탄, 어느 지역에는 철강, 어느 지역에는 석유가 나기 때문에 상호 발전과 풍요를 위해서 무역과 통상을 해야 한다. 무역과 통상을 잘하기 위해서는 경쟁을 인정해야 한다. 경쟁에서 이기려면 학문과 연구에 힘을 쏟아야 한다."

우리에게 무역의 역사는 폐쇄적 생각과 개방적 생각 중에서 어느 쪽으로 가야 하는지를 분명히 보여준다. 또한 무역은 동방의 작은 나라 한국이 세계로 나아갈 수 있는 길을 열어준다.

연결의 힘으로 바꾸는 패러다임

역사를 돌이켜보면 시대적 상황과 상관없이 개방과 혁신이 이루어졌을 때 진보했음을 알 수 있다. 개방과 혁신이 시대의 패권을 쥐게 하고 한 국가의 운명을 갈랐다. 기업도 매한가지다. 특히 벤처생태계는 개방과 혁신, 즉 오픈 이노베이션과 떼려야 뗄 수 없는 관계다.

연구에 투입되는 자원이 증가하고 다양한 연구기관이 등장함에 따라 폐쇄적인 연구 환경에서 벗어나 개방적인 연구 환경이 필수적인 시대가 됐다. 우리는 이를 '연구의 오픈 이노베이션 시대'라고 부른다. 그렇다면 연구의 오픈 이노베이션 시대는 어떻게 탄생했는지와 왜 벤처생태계, 연구 자원의 분포 변화, 그리고 개방적 태도가 중요한지 알아보자.

먼저 오픈 이노베이션은 어떻게 시작됐는지 살펴보자. 과학기술에서 지금은 개방형 혁신Open Innovation 또는 개방형 협업Open Collaboration 시대라고 한다. 오픈 이노베이션은 미국항공우주국 나사NASA에서 시작됐다. 나사는 세계 최고의 연구 인력을 자랑하는 자신들이 풀지 못하는 난제는 그 누구도 풀지 못한다는 생각에 사로잡혀 있었다. 그러다가 새롭게 부임한 나사 국장이 정말 우리가 최고 연구 인력인지 확인해보자고 하고 난제들을 공개했다. 결과는 놀랍세도 내부분의 문제가 풀렸다.

이때부터 과학기술계에서 오픈 이노베이션이라는 말이 유행하게 됐다. 과학기술 인력과 시설이 많아짐에 따라 어떤 기관이나 대학이 독자적으로 가지고 있는 자원만으로 문제를 해결하는 게 비효율적이라는 인식이 점차 확산됐다. 문제를 공개해 가장 적절한 연구 경험과 환경을 가지고 있는 곳이나 또는 틀에 짜인 생각에서 벗어나 있는 곳에서 문제를 더 효율적으로 풀 수 있다는 생각이 널리 퍼졌다. 특히 벤처생태계로 인해 연구 인력과 시설이 대기업의 독점에서 벗어나 벤처로 확산했다. 그에 따라 대기업의 기술 전략에서도 오픈 이노베이션은 핵심 가치로 자리 잡아 가고 있다.

경제는 늘 독점이 깨지고 대중화돼 자원이 원활하게 배분된다. 그리고 집단지성이 발생할 때 성장했다. 문자를 대중화한 학교와 자본을 대중화해 위험을 분산한 주식회사 제도 등에서 그 예를 찾을 수 있다. 연구의 양극화를 극복하고 대중화해 집단지성이 발휘된 것이 벤처생태계다.

지난 2019년이었다. 나는 포스텍 학부 3학년에 재학 중인 두 학생이 창업해 큰 상을 받았다고 해서 식사에 초대했다. 그들의 성과를 축하하기 위해 마련한 자리였다. 학생들의 이야기를 죽 들어보니 여간 흥미로운 게 아니었다. 이들은 과학고를 나와 포스텍에 입학했다. 그들은 과학고에서 한 선행학습으로 대학 1학년인데도 캠퍼스 생활에 큰 흥미를 못 느끼고 있었다. 그러던 차에 창업한 선배의 세미나를 듣고 감동해 독학으로 댄스의 모션을 캡쳐하는 인공지능 프로그램을 개발했다. 평소 춤을 좋아해서 춤 동아리 활동을 했기 때문에 자신의 관심사로 프로그램을 개발한 것이다.

그들은 어느 정도 프로그램이 완성되자 자신감을 얻어서 휴학하고 창업에 뛰어들었다고 한다. 네이버를 비롯한 여러 벤처캐피털로부터 40억 원 가까운 투자를 받게 됐다. 자신들보다 다섯 살에서 열 살이 많은 직원을 채용해 국제가전제품박람회에 참가하는 등 미국 진출을 위해 매진하고 있었다. 나는 그들에게 꿈이 무엇이

냐고 물었다. 그러자 빌 게이츠나 스티브 잡스와 같이 대학 졸업장 없이도 평생 잘 살아가는 것이라고 답했다. 반면 어려울 때는 어떻게 하는지 물었더니 일이 안 풀릴 때는 둘이 술을 마시면서 다른 학생들처럼 대학 생활을 열심히 할 걸 하고 넋두리를 한다고 했다. 내가 보기에 이들은 평범한 대학생의 모습과 완전히 다르게 기업가의 면모를 보여줬다. 그들은 사업 자금을 부모로부터 받은 게 아니라 벤처투자자들로부터 받아 자신들만의 비즈니스 모델을 만들어가고 있었다.

이처럼 세상은 또다시 바뀌고 있다. 누구나 실력과 도전 정신이 있으면 벤처투자를 통해서 자신의 연구결과나 아이디어를 가지고 사업할 수 있는 세상이 됐다. 스티브 잡스는 애플을 창업할 때 100곳이 넘는 벤처캐피털에 투자 설명회를 했다고 한다. 이렇게 벤처투자를 받은 기업들이 전 세계에서 매년 수만 개씩 쏟아지면서 연구와 신사업의 지형이 변화했다. 오픈 이노베이션이 선택이 아니라 필수라는 것을 새삼 깨닫게 한다.

연구 자원의 분포도 오픈 이노베이션 시대에 맞춰 바뀌었다. 벤처생태계로 인해 연구 인력과 시설이 대기업의 독점에서 벗어나 벤처로 확산함에 따라 대기업의 기술 전략에서 오픈 이노베이션은 핵심 가치로 자리 잡아 가고 있다. 앞서 언급한 것과 같이 현재 미국에서는 연구 자원의 40%가 대기업, 30%가 벤처기업, 20%가 국가연구소, 10%가 연구 중심 대학에 분포하고 있다. 그러므로 어느 한 조직이 연구를 주도하기 어려운 시기가 됐다. 외부에서 혁신 기술이 먼저 나오면 현재 진행하는 연구의 가치가 낮아지기 때문에 외부의 연구 상황을 알 수 있는 '센싱채널의 중요성'이 점점 높아지고 있다.

이제는 누가 봐도 오픈 이노베이션 시대다. 이러한 시대를 대하는 자세는 과거와 달라야 한다. 오픈 이노베이션의 가장 핵심은 속도이고 또한 경제적인 효율성이다. 오픈 이노베이션 시대에는 연구자들의 개방적인 태도가 무엇보다 중요하다. '내가 더 잘할 수 있는 연구'를 고수하는 경쟁 중심의 사고보다는 외부 자원을 적극적으로 활용해 더 빠르고 효율적인 협력과 융합을 실현하려는 마인드가 필수다. 이러한 개방적 사고가 결여될 경우 오픈 이노베이션 중심의 연구 시장에서 도태될 수밖에 없다. 그렇다면 개방성이라는 태도는 어떤 것일까?

먼저 기술 분야에서 개방성에 대한 교훈을 얻을 수 있다. 증기기관이 발명됐을 때 범선 설계자들은 증기선보다 더 빠르게 만들기 위해 노력했다. 하지만 그 결과 회사는 망했다. 트랜지스터가 발명됐을 때 진공관 연구자들은 트랜지스터보다 더 성능이 좋은 진공관을 연구해 수박 크기의 진공관을 만들었다. 이 또한 박물관으로 직행했고 회사는 망했다. 대우자동차의 프린스는 전륜구동의 추세를 역행하면서 후륜구동을 고집해 회사에 큰 어려움을 끼치고 말았다. 연구자들의 고집스럽고 폐쇄적인 태도는 기업을 망하게 하는 결정적인 요인이 될 수 있다.

신토불이라는 말과 같이 지역 농산품이 더 신선하기 때문에 지역 농수산물을 먹는 것이 좋다는 의견이 있다. 이에 반해서 세계 모든 요리를 맛보고 우리 요리도 외국에 수출하는 것이 더 좋다는 의견도 있다. 지역에서 모든 농수산물이 다 생산되는 것도 아니고 냉동과 유통 기술이 발전해 지역의 개념이 넓어지고 있다는 의견도 있다. 여러분은 무엇을 원하는가?

우리나라는 단일민족으로 민족주의 성향이 매우 강하다. 하지만 실질적으로 우리나라는 해외 협력을 기반으로 하는 수출로 성장했다. 집단적으로는 신토불이나 민족주의에 동의하면서도 개인적으로는 미국 등에 유학을 가거나 이민을 간다. 더 나아가 외국 정착에 성공하면 가족을 초청하기도 한다. 미국의 적성 국가인 이란이나 중국에서 가장 좋은 대학을 나온 많은 사람이 미국에 유학을 가서 영주권이나 시민권을 받고 정착하고 있다.

그러면 집단적인 민족주의보다 사람들을 개인적으로 움직이게 하는 힘은 무엇일까? 성공에 대한 야망과 개인의 자유에 대한 갈망 등이다. 우리는 단일민족국가로 스위스와 같이 공식 언어가 4개나 되는 국가를 이해하기는 어렵다. 스위스는 종교혁명 때 다른 언어를 쓰는 인접 지역들이 연합해 기존의 가톨릭을 믿는 공국들에 대항해 함께 싸우면서 뭉쳤다. 단일한 민족주의와는 다른 가치로 자연스럽게 한 나라로 정체성이 형성됐다는 역사의 이해가 있다. 미국도 다 민족 국가이지만 용광로 문화를 통해 단일한 민족주의와 다른 가치를 추구하며 한 나라로서의 공동체 의식을 만들었다.

미국에 이민이나 유학을 가서 정착하고 성공한 사람들이 한국으로 역이민을 하는 경우가 종종 있다. 같은 노력으로 따졌을 때 "미국보다는 한국에서 더 성공할 수 있을 것 같다." "노후 생활을 하기에는 고향 친구도 있고 문화적으로 익숙한 한국이 더 좋다." 등의 이유를 든다. 자녀들이 중학생이 되기 전에 오거나 대학에 입학한 이후에 오는 경우도 있다. 그런데 이들의 자녀들은 자신이 한국 사람인지 미국 사람인지 정체성의 혼란을 겪기도 한다. 부모와 달리 아이들에게 한국은 낯선 곳이기 때문이다. 이처럼 낯선 세상에 어울려 적응하는 게 쉽지 않다. 마음을 개방하고 미지의 세계를 탐험하는 데는 당연히 위협과 비용이 따른다.

기업은 외부에 혁신 기술이 있을 확률이 높기에 오픈 이노베이션을 기반으로 많은 정책을 만들어내고 있다. 하루가 다르게 바뀌는 경영 환경에서 뒤처지지 않고 살아남기 위한 적극적인 행보인 셈이다. 개인이든 기업이든 현대 사회에서 스스로 묻고 답해야 할 게 있다. "우리 스스로는 폐쇄적인가 아니면 개방적인가?" "업무를 함에서 두려움과 도전 정신 중 어느 것이 더 큰가?" 등이다.

역사를 보면 대체로 개방을 하다가 좋은 시절이 오면 폐쇄적이고 수구적인 조직으로 변하게 된다. 그러다가 어려움에 직면하면 다시 개방적으로 바뀌어 어려움을 극복하고자 한다. 이러한 사이클을 반복하기 일쑤다. 그렇다면 어려운 상황을 달리 볼 수 있다. 폐쇄적이고 수구적인 조직이 다시 개방성을 획득하는 기회의 방아쇠로 봐야 하지 않을까? "난세에 영웅이 난다"는 말이 있듯이 어려움이 꼭 나쁜 것만은 아니다.

4
혁신의 이론과 철학의 힘

    이론은 개인이나 조직이 업무와 과업을 수행할 때 어려운 환경을 돌파해 지속성을 높이도록 하는 역할을 한다. 지난 냉전 시대 미국과 소련의 경쟁에서 왜 미국이 승리했을까? 독재 시스템인 소련에 비해 미국은 4년 또는 8년마다 대통령이 바뀌기 때문에 정책을 일관성 있게 지속하는 데 어려움이 있다. 그래서 미국은 최고 의사결정권자의 변경에 따른 위험을 극복하려고 많은 연구소를 만든다. 그 연구소들에 소속된 수많은 연구원이 다양한 관점에서 다양한 이론을 제안했다. 그 덕분에 입체적으로 문제에 접근하고 분석할 수 있었다. 이러한 과정을 통해 인정받은 이론들은 지도자가 바뀌어도 정책을 지속할 수 있는 근거로 작용할 수 있다. 그래서 국가들은 브레인 풀Brain pool을 구축하고 이론을 만들어 미래를 대비하는 것이다.

나도 포스텍과 포스코에서 벤처생태계를 구축할 때 많은 저항에 부딪혔다. 이런 저항을 헤쳐 나가기 위해 이론들을 공부하기 시작했다. 여러 전문가와 논의하면서 설득 논리를 수립했다. 포스코로 옮긴 초기에는 포스코 내부에 아는 사람이 많이 없었다. 직접 얼굴을 맞대고 뭔가를 이야기할 기회가 적었다. 나는 이메일로 내 생각을 공유했다. 사람들과 교류하면서 포스코에 벤처의 필요성을 전파했다. 설득이 성공한 경우도 있었고 타협한 적도 있었고 시기를 늦추어 다시 시도한 적도 있었다. 당시 내가 공부했던 벤처생태계에 대한 이론은 다음과 같다.

개인의 위대성이 혁신의 시작점

혁신적인 연구와 벤처기업을 만들기 위해 개인의 위대성을 인정하는 문화가 필요하다. 또한 위기에서 위대성의 대척점에 있는 개인의 연약함을 극복할 수 있는 의지도 있어야 한다.

혁신적인 연구는 누가 어떻게 만들어내는가? 이 질문에 대한 답을 토머스 쿤의 저서 『과학혁명의 구조』에서 찾아볼 수 있다. 이 책의 핵심 메시지는 개인의 위대성이다. "새로운 과학혁명은 과거의 과학지식을 기반으로 사회적 활동으로 또는 개인적 활동으로 생성되는가?" 라는 질문에 이 책은 "새로운 혁신은 사회적 활동보다 개인인 한 사람에 의해 이루어진다."라고 답한다.

새로운 연구에는 한 위대한 개인이 있다. 이 개인이 과거의 지식과 대화하고 동시대 과학자들과 대화하는 것은 사회적인 활동이다. 하지만 혁신적인 아이디어가 떠오르는 순간은 매우 개인적인 활동이다. 그러므로 위대한 개인이 새로운 혁신의 과학지식을 발견하는 것이다.

어느 분야나 위대한 개인이 나올 때 급격한 변화, 즉 혁명이 일어난다. 이 혁신적인 연구결과가 동시대 연구자들에게 확산되는 과정은 또다시 사회적인 활동이 된다. 이를 토머스 쿤은 '패러다임 전환paradigm shift'이라고 명명했다. 혁신적인 연구의 핵심은 사회적인 활동보다는 개인적인 활동을 인정할 때 가능하다는 것이다. 연구는 대체로 미래의 먹거리나 큰 사회 문제를 해결하기 위해서 한다. 이러한 연구는 모두 1등을 추구한다. 연구에서 2등은 노벨상을 받기도 어렵고 특허를 등록하기도 어렵다. 벤처도 마찬가지다. 벤처생태계에서 2등은 생존이 어렵다. 개인의 위대성을 담보로 해 1등을 추구하는 것이다.

어느 나라나 조직이나 잘하는 사람을 더 잘하게 하는 수월성excellency을 추구해 혁신을 일으킨다. 나아가 신사업으로 경제를 발전시키는 소수의 혁신적인 선도자pioneer가 필요하다. 이들이 획기적인 경제 성장을 이끌 때 평균 수준도 높일 수 있고 뒤처진 사람들을 돌볼 수 있는 사회적인 여력이 생긴다. 평균을 높이는 정책과 뒤처진 사람들을 돌봐주는 정책 못지않게 잘하는 사람을 더 잘하게 하는 수월성 정책이 반드시 있어야 한다.

　연구 분야에서도 수월성 추구는 위대한 성과를 낳았다. 방사성 연구로 여성 최초 노벨상을 수상한 마리 퀴리, 상대성 이론의 알베르트 아인슈타인, DNA 이중나선 구조를 밝힌 제임스 왓슨 등이 수월성 추구의 대표적인 사례라고 할 수 있다. 벤처에서는 마이크로소프트의 빌 게이츠, 애플의 스티브 잡스, 테슬라의 일론 머스크 등을 떠올릴 수 있다. 공산주의 사회도 창조적인 위대한 개인을 중요하게 여긴다. 예컨대 인민의 영웅을 선전하는 것을 보면 알 수 있다. 그러므로 현시대의 연구와 신사업에서는 '개인의 위대성'이라는 철학을 바탕으로 국가적인 시스템과 문화를 만들어야 한다.

　그러면 '과연 개인은 위대한가?'에 대한 의문이 생긴다. 노벨상 수상이나 구글과 같은 큰 기업을 일구고자 하는 꿈을 가지고 연구를 하고 벤처를 하다 보면 맞닥뜨리는 장벽이 있다. 누구나 위대한 결과를 얻기 전에 먼저 큰 어려움을 직면하게 되고 이론이 아니라 현실에서 자신의 처절한 연약함을 경험하게 된다. 연구에서 자신의 아이디어가 잘못된 것으로 판명돼 진도가 나가지 않거나 벤처 생태계에서 투자자와 시장에서 외면당하는 현실에 직면하기도 한다. 이 과정에서 개인의 위대함이 아니라 개인의 연약함을 먼저 깨닫게 된다. 이때부터 새로운 차원의 싸움이 시작된다.

　벤처기업의 CEO가 겪는 고통은 여러 가지다. 이러한 고통을 겪고 난 뒤에야 진정한 비즈니스의 가치와 현실을 깨닫는 경우가 많다. 특히 시장과 조직에 대한 이해가 달라진다. 먼저 시장에 대한 이해가 바뀌는 과정을 보자. 회사가 망할 것 같은 절망적인 시기에 "만약 회사가 망한다면 내 가정은 어떻게 되고 우리 회사 종업원의 가정은 어떻게 되는 것인가?"라는 질문을 하게 된다. 엄청난 책임감의 무게가 자기 어깨에서 느껴질 때 세상이 완전히 다르게 보인다. 명문대를 나오고 박사학위 받았다는 것은 아무런 도움이 되지 않는다. 벤처를 하면 큰 부를 이루고 많은 사람에게 일자리를 제공하리라는 생각도 어긋나고 말았다. 또 자신의 기술이 많은 사람의 생활을 윤택하게 할 수 있다는 순진하고 비현실적으로 세운 보랏빛 목표도 빛이 바랬다. 그제야 비로소 현실의 시장이 보인다. 내가 만족하는 지식이 아니라 시장에서 채택되는 지식이야말로 최고의 가치를 지닌다는 것을 깨닫는다. 자기 중심의 계획주의자에서 타인과 원원하는 시장주의자로 변화하는 순간을 맞이하는 것이다.

조직에 대한 이해도 서서히 바뀐다. 초기에는 회사가 어렵게 되면 "누구의 잘못인가?"를 따지면서 희생양을 찾고 자기 합리화를 하려는 내면을 깨닫게 된다. 회사가 잘돼 큰 경제적인 이득이 생길 때도 인센티브에 대한 불만으로 "누가 일한 것보다 더 많은 이익을 가져갔는가?"라고 불평하는 사람들이 생겨난다. 이러한 조직 운영과 관련한 갈등이 불거지는 것을 겪으면서 순진한 마음의 동업은 환상이고 왜 51%가 중요한지 깨닫는다. 그리고 왜 최고책임자의 권위가 필요한지도 절감한다.

내부 싸움만 하면 망하기 때문에 누군가 의사결정을 하고 책임을 지고 문제를 해결하고 전진해야 한다. 결국 최고전략책임자, 최고재무책임자CFO, 최고기술책임자 등이 아니라 최고경영자CEO가 회사를 경영하는 것이다. CEO는 고독한 의사결정 과정을 경험하면서 때로는 자신감을 넘어 교만으로, 때로는 겸손함을 지나 열등감에 빠지기도 한다. 어느덧 양극단의 감정 사이에서 진자 운동을 하는 자신을 발견하게 된다. "CEO는 99%의 평범한 길이 아니라 1%의 가능성에 도전하는 존재이며 이것이 바로 기업가정신이다. 이를 위해서는 단순한 노력 이상의 '필승 전략'과 이 방향이 곧 시대정신이라는 내적 확신이 필요하다."라는 말은 단순한 격언이 아니다. 실제로 얼마나 어렵고 앞이 보이지 않는 길인지를 체험하게 되는 과정이기도 하다. 최고결정권자 한 명이 조직 전체의 미래와 운명에 30%의 영향을 미친다는 『포브스』의 연구결과는 그런 의미에서 고개를 끄덕이게 만든다.

벤처 창업자는 차츰 자신의 연약함을 철저히 경험하면서 인간 내면의 본질과 냉혹한 현실인 시장의 진실을 깨닫는다. 또한 위기를 극복하기 위한 불굴의 의지를 다지는 자신뿐만 아니라 자신의 생명과도 같은 회사와 직장 동료를 위해 시장에서 머리를 숙이고 무릎을 꿇고 있는 자신을 발견하게 된다. 100번을 넘게 투자 설명회를 한 뒤에야 겨우 투자를 받고 애플을 만들었다는 스티브 잡스의 이야기가 현실로 다가오는 것이다.

개인이 겪는 고난의 깊이만큼 개인이 얻는 위대함의 높이가 생긴다. 고대 그리스의 비극적인 신화들에 담긴 인생의 진실을 직면할 수 있는 용기, 애덤 스미스의 저서 『도덕 감정론』에서 볼 수 있는 인간에 대한 냉철한 이해와 『국부론』에서 '보이지 않는 손', 그리고 마키아벨리의 저서 『군주론』 등 고전에 대한 이해가 생생해지고 인류의 지혜자에 대한 존경심이 생긴다. 1조 원 가치의 유니콘 기업을 만들기 위해 마이너스 1조 원의 고난을 극복해야 한다. 포스코는 100조 원의 가치를 창출하기 위해 마이너스 100조 원의 고난과 고민을 극복한 것이다.

혁신은 이처럼 숱한 역경을 거친 개인의 위대성으로부터 비롯된다. 그런데 개인의 위대성이라는 게 그저 하늘에서 뚝 떨어진 천재의 탄생과 같은 의미로 보면 안 된다. 그보다 한 국가와 사회가 추구하는 가치가 어떤가에 따라 개인의 위대성이 발현될 가능성이 커진다고 봐야 한다. 특정 계층이 아니라 모든 대중이 개인의 위대성을 발현하게 하는 핵심 가치는 '개인의 자유'다. 현재의 인류가 누리는 고도의 발전은 이러한 '개인의 자유'에 기인한다. 타인에게 양도할 수 없는 천부인권 기반의 '신체의 자유', 그 자유로운 신체로 노동한 대가로 만든 자신의 재산에 대한 '소유권의 자유'가 그 근간이다.

자유의 반대 개념은 노예다. 진정한 자유를 누리기 위해서는 완전한 독립을 해야 한다. 그만큼 책임을 동반한다. 독립 중 가장 중요한 것은 경제적인 독립이다. 하지만 독립의 대가로 지불해야 하는 책임은 때때로 너무 무겁게 느껴진다. 그래서 어떤 위대한 사람이 대신 의사결정을 해주면 자신은 그 혜택만 누리겠다는 생각이 싹트기도 한다. 이것이 바로 노예근성이다. 아우슈비츠에서 생존한 마르틴 부버는 저서 『나와 너』에서 이러한 노예근성이 히틀러와 같은 독재자를 만들어낸 근원이라고 언급했다. 그는 내 인생은 내 것이고 그 누구도 내 인생을 좌지우지할 수 없다는 독립 정신이야말로 이런 독재자를 발붙일 수 없게 한다고 주장한다. 이러한 독립 정신을 갖춘 자유인은 경제적으로도 독립하기 위해 시장에서 경제활동을 하게 된다. 이들은 각자 가진 재능이 달라서 시장에서 분업을 통해 생산성을 극대화할 수 있다. 그리고 시장에서 소비자의 선택을 받기 위해 때로는 협동하고 때로는 경쟁하면서 삶을 살아가게 된다.

책임을 회피하려는 노예근성을 버리고 스스로 독립적으로 가족을 부양하고 살아가는 것이 가장 위대한 삶이다. 이러한 독립된 삶을 사는 것이 개인의 위대성이다. 이러한 개인 단위의 독립 정신이 18세기 산업혁명을 일으켜 대영제국을 형성한 정신적인 힘이 됐다. 개인의 자유를 바탕으로 형성된 독립 정신은 학문과 연구 그리고 무역과 통상으로 확장해 인류의 문명과 역사를 바꾸었다. 각자 고립된 문화와 시장에서 세계를 넘나드는 시대가 도래한 것이다. 이 시기부터 학문과 연구의 목표는 세계 시장에서 경쟁하고 이기기 위한 것이 됐다. 무역과 통상도 전 세계의 자원 분포와 환경이 달라서 활발해졌다. 이런 세계 시장이라는 환경에서 개인은 협동과 경쟁을 통해 세계인으로 발돋움하고 자신의 꿈을 세계적인 수준으로 높일 수 있게 된다.

현재 이런 환경을 가장 잘 구현하는 나라가 미국이다. 연구와 벤처생태계에서 1등을 한 개인에게 가장 많은 경제적인 혜택을 주는 나라다. 노벨상을 받은 한 일본인은 후배들에게 "노벨상을 받을 정도의 연구에 도전하는 자들은 미국으로 가라."는 조언을 했다고 한다. 내가 만난 다양한 나라의 벤처기업가들은 모두 최종 목적지를 미국으로 잡고 있었다. 우리나라를 포함해 이스라엘, 독일, 싱가포르 등의 벤처기업 CEO들이 모두 동일한 비전을 말했다.

항공모함, 전화, TV, 컴퓨터, 인터넷, GPS 등 수많은 혁신적인 제품과 개념이 미국에서 쏟아져 나왔다. 반면에 유럽은 '늙은 유럽'이라는 별명을 얻을 정도로 혁신에 어려움을 겪고 있다. 엘리트 선구자에 대한 인식도 미국과 유럽은 다르다. 유럽은 엘리트 선구자들 덕분에 종교혁명, 정치혁명, 산업혁명을 일으킬 수 있었다. 유럽은 전 세계를 식민지로 지배할 정도로 크게 성장했다. 그러나 제1차 세계대전 당시 기관총을 발명해 이전 시대에 상상조차 할 수 없었던 대량 살상이 벌어졌다. 제2차 세계대전 때는 독가스로 유대인 600만 명을 죽이는 광경을 무기력하게 봐야만 했다. 이러한 비극을 지켜본 유럽 사람들은 더 이상 엘리트 선구자들을 믿지 못하게 됐다.

반면에 미국은 달랐다. 성공한 기업가가 축적한 부를 기반으로 각종 재단을 만들었다. 경제적 평균에 미치지 못하는 사람들을 돌보는 개인적인 차원의 분배를 장려하는 문화를 조성했다. 결과적으로 국가보다 시민이 자율적으로 혁신의 성장과 분배를 조화롭게 하는 선순환 구조를 만들어낼 수 있었다. 이는 유럽과 달리 엘리트 선구자들의 사회 경제적 역할에 대한 인정으로 이어져 지속적인 혁신을 추구하는 배경이 됐다.

혁신적인 비즈니스 모델과 문화

국가의 미래를 견인할 기업을 만드는 일은 결코 쉽지 않다. 시대가 변할 때마다 새로운 기업 모델이 등장하고 이에 따라 새로운 조직문화도 함께 형성된다. 그렇다면 글로벌 기업으로 성장한 벤처기업들은 어떤 모델과 문화적 자양분을 바탕으로 성장해 왔을까?

잘 알다시피 아마존은 온라인에서 책을 거래하는 것으로 시작했다. 그런데 이제 클라우드 회사로 크게 성장했다. 어떻게 이토록 전혀 다른 모습으로 바뀔 수 있었을까? 아마존은 온라인으로 책을 판매하기 위해 IT 인프라를 구축하고 또한 더 많은 책을 판매하기 위해 개인정보를 분석해서 새로운 상품을 제안하는 마케팅 기법 등을 개발했다. 이 과정에서 클라우드 비즈니스에 대한 미래 전망을 갖게 됐다. 이는 예측 가능한 미래를 기반으로 하는 마스터 플랜 모델Master plan model로는 설명되지 않는다. 무한 경쟁에서 끊임없는 혁신을 추구하는 과정에서 발생하는 것이다.

구글 번역기용 인공지능 개발 과정에서 착안해 마스터플랜 모델의 한계를 설명한 이론이 있다. 구글 내부에서는 구글 번역기를 개발하면서 인공지능 알고리즘에 문법을 넣을지 말지를 고민하면서 어느 것이 더 효율적인지 논쟁이 일어났다. 결과는 문법을 넣지 않는 게 더 효율적이었다고 한다. 이를 어떤 언어학자는 "어린아이는 문법 없이 언어를 배운다. 문법은 배우는 과정에서 크게 효과가 없고 배운 후에 생기는 팁과 같다."라고 설명했다. 기존 사업 CEO를 경험한 사람들 조언은 문법과 같은 역할을 해 혁신기업 CEO에게 큰 영향을 미치지 않는다는 것이다.

그러면 50~60대 CEO 경험자가 20~30대 청년 CEO에게 무엇을 해줄 수 있을까? 50~60대는 20~30대에게 문법이 아니라 자금이나 글로벌 네트워크를 제공하여 20~30대가 활동하는 큰 운동장을 제공할 수 있다. 20~30대는 실제 시장에서 스스로 배우면서 자신의 문법을 체득해간다. 이것을 '플레이그라운드 모델Playground Model'이라 한다. 포스코의 벤처기업 인큐베이팅센터의 이름을 체인지업 그라운드CHANGeUP GROUND로 한 것도 이 모델을 청년 기업가에게 제공하겠다는 의미다. 가능한 한 가장 큰 운동장을 제공해 청년 기업가 스스로 마음껏 뛸 수 있도록 해준다는 이론을 담고 있는 용어다.

이처럼 스스로 학습하고 혁신하는 벤처생태계에서 필요한 문화는 관대함이다. 실패하더라도 다시 도전하는 과감한 실행을 북돋워야 한다. 기득권의 전문가가 젊은 사람에게 주는 것은 고난을 피할 수 있는 지혜가 아니라 고난과 부딪쳐 이길 수 있는 용기여야 한다. 가령 우리는 스포츠 스타들이 자신이 겪은 고통이 너무 힘들기 때문에 내 자녀는 스포츠 선수를 안 했으면 좋겠다는 인터뷰를 종종 들을 수 있다. 성공의 경험이 있는 부모는 그 과정에서 본인이 겪은 가장 고통스러운 부분을 자녀들이 겪지 않기를 원한다. 그 마음은 이해하지만 이러한 고통이 성공의 필수 요소라는 것을 간과하는 것이기도 하다.

기성세대가 다음 세대를 위해 해야 하는 것은 투자하고 해외 마케팅 네트워크를 연결하는 등 스스로 배울 수 있는 환경을 조성하는 것이다. 최고의 플레이그라운드를 제공하는 것이다. 미래에 대한 불확실성을 고려해 분산투자와 장기투자라는 벤처캐피털 금융상품을 통해 젊은 창업자에게 자금을 지원하는 것은 어려움에 맞설 수 있는 용기와 기회를 준다. 이는 관대함이라는 철학에 바탕을 두고 있다. "실패해도 좋으니 도전해 봐! 우리가 기회를 줄게!"라고 응원하고 격려하는 것이다. 물론 이 관용은 무조건적인 관용이 아니라 손해를 보지 않고 수익을 낼 수 있는 금융시장의 큰 원칙에 따라서 지혜를 모아 만들어진 것이다.

SK그룹과 같이 인수합병을 통해 성장한 기업이 가지는 문화 중 하나가 관대함이라고 한다. 협력하는 기업의 구성원들에게 과감하게 큰 지분을 허용하고 인수합병 후에 점령군을 파견해 기존 문화를 바꾸려는 시도보다는 최소한의 관리와 협력 시너지에 중점을 둔다. 그리고 인수합병 이전의 조직문화를 존중한다. 벤처생태계에도 이러한 관대함이 필요하다.

복잡계 시대에 대기업의 센싱채널

전 세계에서 매년 수만 개의 벤처기업이 창업한다. 대기업으로서는 다양한 분야와 많은 아이템으로 벤처 창업이 되다 보니 신사업 예측도 매우 어려워지고 있다. 거기에다 벤처에서 나오는 인센티브가 대기업에서 제공하기 어려운 수준으로 높아지면서 가장 우수한 인재들이 벤처기업으로 이동하고 있다.

최고의 인력이 있는 곳에서 최고의 부가가치가 나타난다. 신사업을 하는 데 생태계가 점점 복잡해지고 변화 속도가 계속 빨라지고 있다. 그 때문에 인과관계를 명확하게 밝히기가 어려워지고 있다. '이런 복잡계에서 어떻게 신사업을 발굴할 수 있는가?'라는 질문이 저절로 떠오를 수밖에 없다. 이와 관련해 최근 비즈니스 분야에서는 뇌과학과 물리학에서 시작된 복잡계 이론을 활용해 설명하고 있다. 자연과학 연구가 사회 경제 분야로 확장된 것이다. 뇌는 복잡해서 이해하기 어렵지만 질서를 가지고 작동한다는 가정을 바탕으로 입력과 결과 사이에 다양한 이론들이 제시되고 있다. 이를 복잡계 이론이라고 한다.

뇌는 너무 복잡해서 지금의 컴퓨터 환경에서는 모델링이 거의 불가능하다. 양자컴퓨터의 개발은 뇌의 모델링이 가능할 것으로 예상돼 연구자들의 기대가 크다. 또한 'DNA의 각 부분이 어떤 기능을 하느냐?'와 같이 해변의 모래에서 바늘을 찾는 노력이 지속되고 있다. 뇌파 측정이 간편해지고 저렴해지면서 심리 상담, 운동,

수면 등 다양한 활동에서 뇌파를 측정하면서 복잡계에 대한 이해가 높아지고 있다.

대기업에서는 뇌의 복잡계와 같은 벤처생태계에 어떻게 접근할 것인가? 복잡계 이론을 기반으로 벤처생태계를 이해하는 것을 센싱채널이라고 한다. 이후에 어떤 벤처기업을 인수합병해서 신사업을 추구한다. 즉 대기업의 투자를 센싱채널 구축과 인수합병을 통한 신사업으로 이원화하는 방향으로 발전하고 있다. 센싱채널은 재무적 투자FI, Financial Investment와 같이 분야를 정하지 않고 투자한다. 인수합병을 위한 투자는 과거와 같은 전략적 투자SI, Strategic Investment를 한다. 그런데 벤처생태계가 구축되면서 재무적 투자와 전략적 투자의 경계가 모호해지고 있다. 센싱채널을 위한 재무적 투자는 리트머스 시험지 같은 역할을 한다. 우리는 이러한 센싱채널을 통해 벤처생태계라는 복잡계를 하나씩 이해해 나갈 수 있다.

5
벤처생태계와 대기업의 변화

"기존 사업에서 신사업으로 전환 시 엄청난 비용과 함께 조직적인 반대에 부딪친다. 백지에서 새롭게 사업을 설계하는 스타트업이 훨씬 유리하다. 하지만 독일은 미국에 비해 벤처 투자가 10분에 1도 안 되어 벤처생태계를 활용한 신사업에 어려움이 있다."

폭스바겐의 전 CEO 헤르베르트 디스가 전기자동차 회사로 전환하고자 했을 때의 경험을 바탕으로 벤처 기업 활용의 필요성을 강조한 말이다.

오픈 이노벤이션 시대는 대기업에 큰 도전일 뿐만 아니라 대기업 자체의 변화를 이끌어가고 있다. 기존에는 대기업의 최고전략책임자가 사업 전략을 짜고 이에 맞게 최고기술책임자가 기술 전략을 기획했다. 이때 기술 전략의 실행은 대부분 내부에서 이루어진다. 하지만 외부에 혁신 기술이 있을 확률이 높아진 오픈 이노베이션 시대가 되자 상황이 달라졌다. 이제는 외부 혁신 기술로 인해 단순한 기술 전략을 넘어 사업 전략 자체가 바뀌거나 기업이 존폐의 갈림 길에 서게 되는 일도 발생할 수 있다. 이에 따라 대기업 최고기술책임자의 역할과 기능 역시 획기적으로 변화하고 있다. 대기업이 연구개발을 바라보는 관점 자체가 근본적으로 달라졌다.

최고기술책임자의 역할과 위상 변화

오픈 이노베이션으로 최고기술책임자의 조직이 변화하고 있다. 연구의 속도와 경제적인 측면이 변화하기 때문이다. 오픈 이노베이션 시대가 열리면서 미국의 최고기술책임자 조직은 내부 연구와 외부 센싱으로 이원화되고 있다. 미국 기업의 매출액 대비 내부 연구개발은 2008년 17%에서 2018년에는 7%로 10년간 10%가 줄어들었다. 반면에 대학, 산학협력, 벤처기업과 협력 등 외부를 활용하는 비율을 높였다. 연구개발에 대한 개념도 지식재산권IP 인수 및 실시권 또는 조인트 벤처JV, Joint Venture 설립 등을 기반으로 외부와 연계해 개발하는 연결 개발C&D, Connect and Development, 특허나 벤처기업을 인수해 개발하는 인수 개발A&D, Acquisition and Development, 고객 의견을 받아서 개발하는 학습 개발L&D, Learning/Launching and Development, 센싱채널로 투자한 벤처기업과 협력해 개발하는 검색 개발 S&D Search·Seeding and Development, 축척한 데이터를 기반으로 개발하는 데이터 주도 개발 D&D, Data Driven and Development 등 다양화하면서 '도입개발 X&D'이라는 개념을 만들어냈다.

미국에서 내부 연구인 연구개발과 외부 센싱인 기업벤처투자 CVC, Corporate Venture Capital의 규모를 비교해보자. 2021년 미국 기업 연구개발 규모와 벤처투자 규모가 각각 4,840억 달러, 3,480억 달러로 격차가 가장 적었다. 기업 연구개발에는 기업벤처투자와 벤처기업의 연구개발이 포함돼 있다. 기업벤처투자는 영업비밀로 통계가 정확하지 않지만 전체 벤처투자의 50% 내외로 알려져 있다. 미국 기업의 기업벤처투자는 연구개발로 인식되는 경우가 많다. 이를 바탕으로 미국 기업은 내부 연구개발과 외부 센싱채널을 통한 기업 벤처투자를 대략 50대 50 정도로 볼 수 있다.

현재 미국 기업의 최고기술책임자 조직은 대략 내부 연구개발을 위한 연구소 조직과 외부 센싱채널 구축을 위한 오픈 이노베이션 본부로 나뉘고 예산도 50대 50 정도로 배분된다. 벤처기업은 특성상 의사결정 속도가 빠르고 자본이익이 가능하기 때문에 투자를 회수할 수 있다. 이런 이유로 기업 연구개발 활동의 일부가 벤처기업 활용으로 오픈 컬래버레이션으로 전환하게 되면서 벤처가 하는 연구개발을 대기업이 하기는 점점 어려워진다. 대신 외부를 활용해 10명이 10년간 하는 연구개발을 5명이 5년간 하는 방향으로 효율성과 속도를 높일 수 있다.

오픈 컬래버레이션에서 외부는 벤처기업 외에도 전체 예산의

5% 정도로 대학과 비영리연구소를 활용한 산학연 협력도 포함한다. 산학협력은 인력 채용에도 도움이 된다. 또한 반대 방향으로 내부 연구개발에서 사내벤처 창업도 가능하다. 이런 조직은 톱다운Top-Down의 연구소와 바텀업Bottom-up의 외부 센싱이 균형을 이루어 위험을 줄일 수 있다.

속도 측면에서 좀 더 자세히 살펴보자. 대기업보다 벤처기업이 의사소통 구조가 간단하기 때문에 빠른 의사결정이 가능하다. 대기업이 영업이익 기반의 인센티브로 주 50시간 근무하는 반면 벤처기업은 자본이익 기반의 인센티브로 주 100시간 근무가 가능하다. 이 두 가지 이유 이외에도 신제품을 개발하기 위한 경쟁 기술이 3~4개 있는 경우, 예를 들어 이차전지 음극제를 위한 코팅 기술, 압연 기술, 박막 기술, 도금 기술 등 경쟁 기술이 동시에 개발되는 경우 한 회사가 모든 가능한 기술을 내부에서 연구개발을 한다는 것은 쉽지 않다. 하지만 센싱채널을 위한 벤처투자는 지분을 10% 정도로 투자하기 때문에 3~4개 기술을 각각 개발하는 벤처기업 모두에 투자할 수도 있다. 또 이들과 오픈 컬래버레이션을 할 수도 있다. 이러한 센싱채널 투자는 적은 자원으로 위험 부담과 함께 개발 시간을 크게 줄일 수 있다. 또한 한 기술만 성공하면 투자비 이상 회수할 수 있다.

연구자 입장에서는 자신의 분야를 자신이 가장 잘 안다고 생각해 오픈 컬래버레이션을 거부하는 경우가 종종 있다. 그러므로 오픈 컬래버레이션에서는 조직의 평가, 연구원의 태도, 연구소 문화의 변화 등이 중요하다. 또한 오픈 컬래버레이션이 외부를 활용하는 것이기 때문에 지속하기 어려운 부분이 있으므로 협력을 위한 시스템과 노하우도 반드시 갖춰야 한다. 오픈 컬래버레이션은 인수합병과 같은 어려움을 겪는다. 인수합병도 외부 조직을 내부화하는 것이라서 다양한 문제가 생길 수 있다. 인수합병을 할 때 이러한 문제를 극복하고 환경과 상황에 맞도록 조직을 잘 활용해야 하듯이 오픈 컬래버레이션도 마찬가지다.

경제적인 측면에서도 좀 더 자세히 살펴보자. 자체 연구는 비용이지만 기업 벤처투자는 투자다. 만약 기업 벤처투자의 투자가 8년간 배수를 2로 가정하면 8년 후에는 기업벤처투자의 투자 대비 2배를 회수할 수 있다. 즉 8년간 기다리면 최고기술책임자 조직만으로도 자체적으로 예산을 조달할 수 있다. 최고기술책임자 조직이 비용을 쓰는 단위 Cost center에서 이익을 내는 단위 profit center로 전환하게 되는 것이다. 이는 연구개발에서는 혁신적인 개념이다.

기술이전과 사내벤처투자도 경제적인 측면에서 도움이 된다. 최고기술책임자 조직의 가장 큰 딜레마는 예산을 쓰고 언제 회수되는지와 어떻게 정량화하는지에 있다. 미래 가치를 주가에 반영하는 자본이익 개념이 이를 해소할 수 있다는 시사점을 준다. 신사업뿐만 아니라 연구개발에서도 자본이익을 고려해서 조직과 예산을 기획해야 한다는 것이다. 이제 내부 연구개발, 외부 센싱 조직, 오픈 컬래버레이션 연구개발, 예산 독립 등이 글로벌 스탠더드로 자리 잡아가고 있다.

연구와 사업을 잇는 연구개발

벤처기업의 성격을 굳이 정의하자면 마치 최고전략책임자와 최고기술책임자 조직 사이에 존재한다고 할 수 있다. 따라서 사업 전략과 기술 전략 간에 유기적인 연결과 조직 간 인터페이스가 필수다. 이러한 구조는 오픈 이노베이션 시대에 연구개발의 개념 자체를 변화시키고 있다.

벤처기업을 바라보는 관점은 최고전략책임자와 최고기술책임자가 각각 다르다. 최고전략책임자는 '오픈 이노베이션 기반 신사업'에, 최고기술책임자는 '오픈 컬래버레이션을 위한 센싱채널 구축'에 벤처기업이 필요하다. 최고전략책임자는 벤처기업 인수합병의 위험요소를 줄이는 것이 목표이고 최고기술책임자는 센싱채널에 대한 분산투자로 손해볼 위험은 거의 없기 때문에 혁신기술을 센싱하지 못했을 때 위험을 피하고자 한다. 그렇다면 역할 분담을 어떻게 할 것인가? 이에 대해서 1,000억 원 미만의 기업가치로 제품 판매보다는 제품 개발에 무게가 큰 시리즈A까지의 벤처기업은 연구개발로 보고 매출이 생기고 재무제표 등으로 기업가치를 정량화할 수 있는 시리즈B부터의 벤처기업은 신사업 후보로 보는 경향이 나타난다. 기업가치가 작고 정량화하기가 어려운 연구개발 중심 벤처기업은 최고기술책임자 조직이 관리하고 이후 성장한 벤처기업은 최고전략책임자 조직이 관리하는 것으로 역할을 분담하고 있다.

최고전략책임자 조직 자체로도 신사업 후보 리스트를 만들지만 최고기술책임자 조직에서 최고전략책임자 조직으로 신사업 후보를 추천할 수 있다. 최고기술책임자 조직에서 기업 초기부터 관찰한 벤처기업이 인수합병 이후 성공 확률도 높일 수 있다. 즉 최고기술책임자 조직에서 인수 전 통합Pre-Merger Integration 관리가 강화돼 최고전략책임자 조직에서 인수 후 통합Post-Merger Integration 전략 기획의 수준을 높일 수 있다. 최근 인수합병에서 인수 전 통합의 중요성을 부각하는 경향과도 일치한다. 최고기술책임자 조직이 최고전략책임자 조직의 인수합병 성공 확률을 높이는 것이다. 결국 최고전략책임자와 최고기술책임자 조직 간의 인터페이스 중요성이 부각된다. 최근 들어서 이 두 조직의 갈등으로 CEO 산하에 직속 조직으로 최고혁신책임자CIO, Chief Innovation Officer 조직을 신설하는 경우도 있다.

이러한 역할 분담을 특허 조직으로 설명할 수 있다. 특허는 기술과 사업 사이에 있는 제도다. 특허를 출원할 때는 연구자의 역할이 크기 때문에 특허를 쓰는 조직은 일반적으로 연구소 내에 존재한다. 이 특허가 사업화가 돼 분쟁이 발생하면 법무팀이 역할을 한다. 법무팀은 일반적으로 경영 관리 조직 산하에 있다. 이와 같이 연구와 사업 사이에 큰 간격을 효율적으로 메우기 위한 연구결과를 상품으로 개발해 사업으로 연결하는 분업화로 벤처생태계가 구축됐다. 그러므로 초기 벤처기업은 연구에 가깝고 후기 벤처기업은 사업에 가깝다고 해석할 수 있다.

근본적으로 대기업에서 연구개발에 대한 개념 변화가 필요하다.

'100억 원 미만의 기업에 투자하는 액셀러레이터AC, Accelerator와 1,000억 원 미만의 기업에 투자하는 벤처캐피털을 통한 벤처투자는 연구개발이다.'

벤처생태계는 기업과 반대 방향에 있는 대학과 연구소에도 영향을 미친다. 실리콘밸리의 벤처캐피털은 스탠퍼드대학교의 주요 교수들이 어떤 연구를 하는지를 파악하고 있다고 한다. 중요한 연구결과가 나오면 찾아가서 창업을 제안한다. 현재 연구 완성도가 70% 정도이고 앞으로 30%가 더 필요하다고 하면 30%는 창업 후 투자를 받아 인력과 장비를 더 투입해서 빨리 결과를 내는 것을 제시한다. 실패하면 어떻게 하느냐는 질문에 실패한 기업들이 거래되는 시장이 있다고 한다. 코로나19 백신 회사 모더나와 로봇 기업 보스턴다이내믹스 등이 이러한 시장에서 나온 기업들이다.

양자컴퓨터, 투명망토를 만드는 메타물질, 소형 원자력 발전 등이 빠른 시기에 시장에 나오는 이유는 연구가 완성되기 전 단계에서 대학과 벤처생태계가 협력해서다. 대학의 연구 단계에서는 인력 배출과 우수 논문에 중점을 둔다. 시장과 비용 구조에 대한 고민은 상대적으로 약하다. 그러나 벤처 창업은 연구가 완성되기 전에 시장과 비용 구조를 고민하기 때문에 상용화 과정이 더욱 빨라진다는 논리다. 2023년 아토초 레이저로 노벨상을 받은 수상자가 수상 기념 세미나를 자신이 창업한 벤처기업 홍보 기회로 활용했다는 후일담도 있다. 미국은 연구에서 신사업까지 밸류체인이 많이 분화돼 성숙도를 더욱 높이고 있다.

연구개발 개념 변화에 대해 이스라엘의 예를 들 수 있다. 이스라엘 벤처생태계가 경쟁력이 높은 이유로 유대인 금융 네트워크와 함께 유대인 최고기술책임자 네트워크를 이야기한다. 유대인 벤처캐피털은 애플, 구글, 테슬라 등이 향후 5년 안에 필요한 기술 리스트를 알고 있다. 그들은 이스라엘 대학과 벤처기업에 이 기술의 개발을 제안한다. 그래서 이스라엘 벤처기업은 회수 기간이 빠르다고 한다. 금융뿐만 아니라 기술에 대해 글로벌 이너서클을 형성해 경쟁력을 높이는 것이다.

이런 추세가 글로벌 스탠더드로 발전하면 한국 기업의 경쟁력을 높이기 위해 국가의 제도적 지원이 필요하다. 현재 국내총생산 대비 국내 연구개발과 벤처캐피털 투자를 미국과 비교하면 미국에 비해 40~50% 정도 수준으로 평가된다. 미국 수준으로 발전하기 위해 국내 유한책임조합원LP, Limited Partner은 연기금을 포함한 국가 모펀드와 금융자본으로 이루어져 있고 향후 삼성, 현대, 포스코 등 산업자본이 운용사 혹은 업무집행조합원GP, General Partner보다 유한책임조합원으로 더 출자하는 방향으로 진행되길 기대한다. 이를 위해 국가에서 대기업에서 액셀러레이터와 벤처캐피털에 유한책임조합원 출자를 연구개발로 고려해 세금혜택을 주는 것이 필요하다. 특히 대학기술지주회사 출자에 대해서는 산학 과제 정도의 세금혜택을 주는 것이 우선 제도화되길 제안한다. 이런 제도를 통해 세금으로 진행되는 연구가 실제 먹거리로 변화되는 창업으로 더 연계돼 다시 세금으로 선순환될 수 있다.

6
벤처생태계의 추진력

　벤처생태계의 추진력은 금융 지원과 창업자의 파괴적인 비즈니스 모델이다. 벤처생태계의 태동은 IT 분야의 4차 산업혁명과 디지털 전환DT, Digital Transformation이 추진력으로 작동돼 시작됐다. 이후 벤처생태계는 오픈 이노베이션을 위해 글로벌 제약회사들이 파이프라인을 공개하면서 바이오 분야로 확장돼 코로나19 기간에 급속히 발전했다. 그리고 반도체 기반의 파운드리 개념이 등장하면서 소·부·장까지 확장돼 이제 전 분야에서 신사업의 플랫폼이 됐다. 이렇듯 벤처생태계와 혁신은 떼려야 뗄 수 없는 관계다. 벤처생태계를 움직이는 각각의 요소는 끊임없는 진화와 혁신으로 추진력의 불씨를 키웠다.

금융자본이 설계하는 벤처생태계

벤처생태계의 성장으로 벤처투자도 함께 성장했다. 벤처투자의 규모가 커지면서 대형 펀드가 등장하고 동시에 벤처펀드는 세분화됐다. 국가 차원의 벤처투자 규모 역시 크게 확대됐다. 아울러 벤처투자를 중심으로 이너서클이 형성되면서 벤처캐피털 간에 계층화 현상도 점차 뚜렷해지고 있다.

벤처생태계는 미래 먹거리를 위한 연구결과를 상용화하는 벤처기업을 기반으로 혁신성장시스템을 만들려고 한다. 이를 위해 벤처캐피털이라는 금융상품과 미래 가치를 주가에 반영하는 게임의 룰을 50년 전부터 서서히 발전시켜오고 있었다. 미국의 상위 25%의 상위권 벤처캐피털은 1980년부터 지난 40년간 20% 이상의 내부수익률IRR, Internal Rate of Return을 기록했다. 그 결과 최고 수익률의 금융상품인 벤처캐피털 시장에 자본이 급속히 몰려 2010년대 10년간 벤처캐피털은 매년 20% 이상 성장했다. 이 시기에는 3~4년마다 벤처캐피털 투자가 2배가 됐다.

미국이 주도해온 글로벌 벤처캐피털 시장은 2018년 330조 원을 기록했다. 그리고 처음으로 미국 이외 국가의 벤처캐피털 투자 합계가 미국을 앞서게 될 정도로 벤처캐피털 투자는 글로벌로 확산되고 있는 추세다. 분산투자와 장기투자의 금융상품인 벤처캐피털은 동북아시아 한·중·일과 유럽을 비롯해 인도, 동남아, 남미 등으로 확산됐다. 이러한 추세는 연구결과 상용화를 넘어서 모든 신사업의 대중화를 이끌고 있다. 또한 벤처캐피털은 자본이 확대돼 벤처캐피털 투자 자금만으로도 벤처기업을 유니콘 또는 데카콘 기업으로 성장시키며 독립적인 금융상품으로 자리매김하게 됐다.

거대한 대형 펀드의 출현도 주목할 만하다. 100조 원이 넘는 소프트뱅크의 비전펀드, 4조 원이 넘는 빌 게이츠의 BEV Breakthrough Energy Ventures 펀드, 5,500여조 원의 중동 국부펀드와 같이 액셀러레이터, 벤처캐피털, 사모펀드 PE, Private Equity로 산업 전체를 설계하고 개편하려는 새로운 시도도 진행되고 있다. 이러한 펀드들은 과거 각자 독립적인 투자에서 서로 공동투자를 하고 정보를 교환해 위험 요소를 더욱 줄여가는 방향으로 움직이고 있다. 예를 들어 800조 원 규모의 아랍에미리트 UAE 왕립펀드는 남미에 투자해 미국 국무부에서도 남미 관련 정보를 물어올 정도의 영향력과 정보력을 가지고 있다. 기후변화 기반의 탄소중립, 이차전지, ESG 등 시장보다 정책 영향력이 큰 분야가 대두되는 상황에서 이런 방향은 더 명확해지고 있다.

벤처투자의 분화도 빠른 속도로 이루어지고 있다. 벤처캐피털 시장이 커지면서 시드 Seed, 에인절 Angel, 프리A Pre-A, 시리즈 A~H Series A-H까지 투자가 분화되고 다양한 다이내믹스가 만들어지고 있다. 현재는 기업가치가 100억 원 미만의 초기 벤처기업을 지원하는 액셀러레이터, 100~1,000억 원 가치의 벤처를 지원하는 벤처캐피털, 수천억 원 이상의 엑시트 Exit를 준비하는 벤처기업을 위한 사모펀드로 벤처투자가 분화하고 있다. 국내에도 400개 이상의 액셀러레이터, 200개 이상의 일반 벤처캐피털, 400개 이상의 사모펀드 운용사가 활동하고 있다.

또한 미국에서는 자본이 많지 않은 박사 졸업생이 1억 원으로 창업해 수십억 원에 엑시트를 하고 다시 더 높은 자본금으로 창업하는 등 3~4번 정도의 창업을 하는 인재들도 늘어나고 있다. 그리고 같은 분야의 벤처기업 중에 시리즈B 또는 그 정도에 이르게 되면 1등을 할 수 있는 기업을 중심으로 벤처기업끼리 인수합병이 되고 벤처캐피털 투자자가 집중적으로 투자하면서 단기간에 큰 기업으로 성장하기도 한다.

코로나19 이전인 2018년 미국은 국내총생산 대비 연구개발 및 벤처캐피털 투자 비중이 각각 2.8%와 0.7%로 약 4배 차이가 났다. 우리나라는 각각 4.5%와 0.2%로 20배 이상 차이가 났다. 우리나라가 미국 수준으로 되려면 벤처캐피털 투자는 국내총생산의 2% 정도가 돼야 하며 40조 원 정도를 투자해야 한다. 우리나라는 벤처투자가 2024년 기준 13조 원 수준으로 더 성장할 잠재력이 있다. 우리나라에서 2021년 액셀러레이터, 벤처캐피털, 사모펀드의 총 운용자산AUM 규모가 158조 원으로 저축은행 자산 118조 원보다 큰 금융으로 발전했다.

미국에서 벤처캐피털의 순위를 조사해보면 하위권 벤처캐피털의 순위 변동이 큰 것에 비해 상위권 벤처캐피털의 순위 변동은 거의 없다. 상위권 벤처캐피털과 하위권 벤처캐피털은 벤처기업의 가치를 올리는 역량 차이가 크다. 이는 벤처캐피털이 강한 이너서클을 통해 수익률이 유지된다는 것이다. 예를 들어 2020년 초기에 실리콘밸리에서 유명한 액셀러레이터인 와이콤비네이션과 플러그앤드플레이는 다른 정책을 시행하고 있었다. 플러그앤드플레이는 자신들이 투자한 벤처기업을 회비를 내는 대기업에 연결해서 밸류업을 했다. 반면에 와이콤비네이션은 자신들에게 유한책임조합원으로 출자하는 대기업을 통해 내부 이너서클 기반으로 밸류업을 했다. 이너서클을 활용하는 와이콤비네이션이 플러그앤드플레이보다 더 우수한 성과와 투자 역량을 보여줬다.

 이스라엘 벤처가 강한 이유도 강한 이너서클인 유대인 금융 네트워크 덕분이라는 분석이 있다. 이스라엘의 벤처들은 미국 벤처캐피털로부터 투자를 받고 미국으로 옮겨서 사업을 한다. 하지만 실제로는 '유대인 벤처캐피털로부터 투자를 받고 유대인 사회로 옮겨서 비즈니스를 한다.'는 말을 많이 한다. 미국인과 이스라엘인이라는 국적 중심의 정체성보다 더 큰 『구약 성경』을 믿는 유대인이라는 정체성을 기반으로 벤처기업을 성장시킨다. 이는 제2차 세계대전 중 홀로코스트로 600만 명의 유대인이 학살되는 민족 멸절의 위기로부터 시작됐다. 이스라엘은 나라가 멸망하고 2,000년 동안 뭉치지 못하고 나라를 회복하지 못했다. 그러나 홀로코스트로 인해 똘똘 뭉쳐 나라를 다시 건국했을 뿐만 아니라 전 세계 금융을 장악하게 됐다. 이 힘이 이스라엘 벤처생태계 경쟁력으로 연결됐다.

 우리나라도 이스라엘 수준으로 벤처생태계가 발전하기 위해서는 미국에 있는 한국계 벤처기업과 벤처투자자가 더욱 성장해야 한다. 또한 이들과 국내 벤처생태계를 조직적으로 연계해야 한다. 금융과 기술 측면에서 유대계 벤처캐피털의 연계liaison 역할이 가능한 한국계 벤처캐피털의 등장과 성장을 지원할 국가적 프로그램이 필요하다.

청년 기업가정신이 만든 새로운 질서

벤처생태계의 청년 기업가가 혁신적인 비즈니스 모델로 파괴적 혁신disruptive innovation을 시도하고 있다. 파괴적 혁신, 미국 벤처생태계가 만드는 경제의 다이내믹스, 이를 이끄는 청년 기업가정신, 이들에게 기회를 제공하는 사회적 상속인 벤처투자가 한데 어우러져 혁신이 이루어지는 중이다.

혁신은 소수의 도전 정신에서 출발한다. 높은 자유도는 창의성을 유도해 파괴적 혁신을 일으킨다. 이들은 기존 사업 모델에 대해 파괴적 혁신으로 도전한다. 성능의 개선을 넘어서 전통적 기대와 전혀 다른 기능과 내용을 가진 제품이 새로운 시장을 창출해 기존 시장을 파괴한다. 1800년대 증기엔진과 철도, 전기, 전화, 자동차가 그랬고 1900년대 컴퓨터, 인터넷이 파괴적 혁신을 이루었다. 이 중 전기의 발명이 가장 큰 혁신을 창출했다고 평가한다. 하지만 2000년대 로봇, 에너지 저장, DNA 공학, 블록체인, 인공지능, 뇌과학 등은 전기의 혁신과는 비교가 안 되는 혁신을 창출할 것으로 예상한다. 벤처생태계는 이러한 혁신을 기반으로 경제의 다이내믹스를 만든다. 미국의 시가총액 상위 기업을 보면 벤처로 시작된 기업들로 가득하다. 2018년 통계를 보면 미국 시가총액의 57%가 벤처로 시작한 기업이다. 이들 기업은 총고용의 38%, 연구비의 82%를 차지하고 있다. 명백히 벤처생태계가 주류 기업의 산실이 되고 있다.

미국의 시가총액 상위 기업을 보면 끊임없이 변화하고 있다. 2001년부터 살펴보면 가전기업 GE, 석유기업 엑슨, IT 기업 애플 등의 순으로 전체 시가총액 1위를 기록하고 있다. 또한 1조 달러 이상의 시가총액을 기록한 매그니피센트 7 기업 모두 벤처투자를 통해 성장한 기업이다. 이들은 애플, 마이크로소프트, 구글, 아마존, 엔비디아, 테슬라, 메타로 2023년 시가총액 합은 미국 시가 총액의 28%에 달한다. 이들의 창업주는 당대에 수백억 달러에서 수천억 달러의 자산을 형성해 미국 사회에서 거대한 영향력을 미치고 있다.

미국 경제의 다이내믹스는 벤처기업이 개발한 파괴적 혁신의 비즈니스 모델이 시가총액 상위권 대기업을 위협하는 데 기인한다. 아마존의 등장과 시어스 백화점의 몰락, 테슬라의 등장과 GM의 고전, 공유경제 기업인 우버와 에어비앤비의 등장과 택시·렌트카·호텔·숙박업 시장의 변화, 핀테크 기업의 등장과 금융업의 변화 등의 예를 통해 보듯이 전 산업 분야에서 벤처기업의 등장으로 파괴적 혁신이 일어났다. 기존 대기업은 이제 생존을 걱정할 처지가 됐다.

이러한 비즈니스 지형의 변화 때문에 대기업이 생존을 위해 벤처캐피털 투자에 참여하는 기업벤처투자가 지난 2010년부터 5년간 매년 30% 이상씩 증가할 정도로 모든 대기업에서 벤처투자를 하고 있다. 2008년부터 10년간 미국의 대기업은 연구비 비중을 매출액의 17%에서 7%로 줄이고 그 대신 기업벤처투자와 인수합병에 투자를 늘리고 있다. 이러한 현상은 청년 CEO의 기업가정신에서 비롯됐다. 혁신의 원천이 기존의 대기업이 아니라 신생 벤처기업이다. 기존의 대기업이 생각하지 못한 비즈니스 모델을 제안하고 구현해 성공함으로써 기존의 사업을 위협했다. 거대하고 안정된 자동차 시장에 새로운 기업의 등장은 상상이 안 됐다. 하지만 공유경제 기반의 우버와 전기차 기반의 테슬라가 나오면서 세상을 깜짝 놀라게 했다.

공유경제는 숙박업계에 에어비앤비가 등장하면서 더욱 크게 요동쳤다. 일반인이 호텔 기업과 비교가 안 되는 투자로 숙박업을 할 수 있게 된 것이다. 자동차 시장과 마찬가지로 전 세계 의류업계에 새로운 기업이 들어올 수 있을까 하는 의문이 유니클로로 깨졌다. 2주 안에 판매해 아웃렛을 통한 재고 판매 비용을 제거해 혁신적으로 성장했다. 발사체 재활용을 통한 비용 절감으로 우주 시대를 열겠다는 스페이스엑스도 등장했다.

급격하게 벤처생태계로 몰리는 벤처투자의 독특한 특성이 있다. 바로 사회적 상속이라는 것이다. 액셀러레이터, 벤처캐피털, 사모펀드는 수십억에서 조 단위 펀드를 조성하고 벤처기업가들은 이들에게 투자받아 사업한다. 자기 가족의 재산이 아니라 연기금 등에서 받은 자본으로 사업하는 것이다. 이를 사회적으로 어떻게 해석해야 할까? 이는 사회적 상속으로 국가와 사회로부터 받는 엄청난 특혜다. 이렇게 특혜를 받았다면 당연히 사회적 책임을 고민해야 한다. 이러한 존경받는 기업가정신은 청년 기업가를 지속해서 발굴할 수 있는 건강한 토양이 된다.

사회적 상속은 우리 사회의 건강성을 키울 수 있다. 과거 삼성과 현대 등이 글로벌 신용이 없을 때 국가가 차관을 들여와 대출해주고 수입도 막아주었다. 정부와 기업이 하나가 돼 가난을 벗어나 선진국 대열에 진입했다. 이 기업들은 국가와 사회로부터 상상하지 못할 특혜를 받았고 총수 일가는 막대한 부를 축적했다. 시민들은 총수 일가가 그런 특혜와 부의 축적에 대한 사회적 책임을 다하지 못한 것에 관한 부정적인 정서를 가지고 있다.

아쉽게도 이러한 정서는 벤처생태계도 피하지 못했다. 카카오택시, 배달의민족 등을 보는 사회적 시선이 그리 곱지 않다. 벤처투자가 사회적 상속이고 이 특혜에 대한 사회적 책임을 다해야 한다는 것을 인지시켜야 한다. 예컨대 중소벤처기업부가 청년 기업가에게 당신이 받은 투자가 사회적 상속이고 성공 후에 재단 설립, 다양한 비정부기구NGO 지원 등을 통해 부가 선순환 되도록 하는 데 필요한 마중물 역할을 해야 한다는 것을 일깨워야 한다. 이처럼 시대정신에 맞는 기업가정신을 교육해야 한다. 이러한 사상은 특히 스마트시티와 같은 공공 분야 혁신 벤처기업이 반드시 가져야 할 철학이다. 사업에서도 도덕적 우위가 힘의 근원이 될 수 있다.

관대함이 만든 새로운 성장 방식

벤처생태계의 등장으로 국내 대기업도 변화를 피할 수 없게 됐다. 그동안 우리 경제는 대기업 중심으로 발전했다. 1950년대 현대, 삼성, 포스코는 각 분야의 세계적인 기업을 따라가기 위한 마스터플랜을 세워 자원을 집중함으로써 국가 발전에 기여했다. 이를 '빠른 추격자 모델fast follower model'이라 부른다. 이 근대화 시대에 빨리 적응해 쫓아가는 게 경쟁력이었다. 포스코로 보면 신일본제철이라는 외부의 확실한 목표가 있었다.

20세기는 마스터플랜을 통해 밤을 새우는 것도 마다하지 않고 모든 자원을 총동원해서 빠르게 추격하는 시대였다. 외국 전문가를 활용했지만 현재의 오픈 컬래버레이션이라기보다는 내재화, 즉 국산화를 위한 활용이었다. 이런 유기적 성장 시대에 성공한 기업이 포스코, 현대, 삼성, LG였다. 이후 대한민국 경제가 발전해 기업 외부의 다양성이 높아지면서 대우와 SK같이 인수합병 기반으로 성장하는 기업이 시가총액 상위권에 등장했다. 유기적 성장보다는 무기적 성장 시대가 되면서 대우와 SK가 크게 발전했다. 대우가 생존했다면 지금 재계 1위를 할 수 있었을 거라는 의견도 있다.

내재화가 중점인 기업은 경영진과 이사진에서 대부분 경영 실적을 중심으로 논의한다. 반면에 인수합병 기반의 기업은 주가를 중심으로 논의한다. 이와 같이 내재화와 외부 다양성의 결합은 서로 다른 경영 철학을 가지고 있다.

지금은 미국의 시가총액 상위권에 있는 빅테크 기업과 같이 벤처기업들을 인수합병하면서 발전하는 모델이 신사업을 갈망하는 우리나라에도 필요하다. 이를 '시장 선도자 모델first mover model'이라 부른다. 하지만 SK와 같은 기업도 1,000억 원 미만의 기업을 평가하고 전략을 짜는 경험이 적다. 그보다 벤처 경험을 통해 성장해 벤처 DNA를 가지고 있는 카카오, 네이버, 쿠팡 등이 훨씬 더 많은 인수합병을 하는 현실이다. "미국에서 벤처 출신이 대부분 시총 상위를 차지하고 있는 것같이 국내에서도 SK보다 카카오, 네이버, 쿠팡 등 벤처 기반으로 성장한 기업이 더 유리하지 않을까?"라는 의견이 있다. 또한 벤처로 성장한 중견기업이 벤처투자 조직을 만들면서 이런 경향이 점점 가시화되고 있다. 여러 이해관계자가 상호 이익을 기반으로 자발적으로 만들어지는 생태계라는 의미를 마스터플랜으로 내재화하여 모든 것을 통재하는 빠른 추격자 모델로 다져진 기업이 이해할 수 있느냐는 질문이 제기된다.

현재 국내 거의 모든 대기업은 벤처기업을 위한 투자 및 창업 조직이 있다. 삼성은 한때 세계 10위권 벤처투자 규모를 자랑했다. 현대도 꽤 큰 벤처기업을 인수합병으로 샀다. 하지만 투자 대부분이 외국 벤처기업이다. 국내의 반대기업 정서와 공정거래법이 걸림돌이 되고 있다. 지금은 카카오, 네이버, 쿠팡 등에 비해 삼성, 현대, LG, SK, 포스코 등이 역차별을 받고 있지 않느냐는 문제 제기도 나온다.

미국은 벤처투자 회수가 주로 인수합병에서 일어나고 있지만 국내에서는 주로 상장 또는 장외 매각과 상환으로 일어난다. 미국은 대기업이 벤처기업을 인수합병해서 신사업을 하고 있지만 우리나라는 벤처기업이 스스로 상장을 통해 신사업으로 진출해야 한다는 것이다. 국내 연구-벤처-신사업의 시스템이 구축되기 위해 국가에서 공정거래법 완화를 고민할 필요가 있다.

대기업과 벤처생태계의 관계를 보면서 신사업에 대한 관대한 문화를 다시 떠올릴 수밖에 없다. 전 한국 벤처캐피탈협회 회장은 SK가 삼성이나 현대와 다르게 인수합병으로 성장할 수 있었던 이유가 SK 문화에 굉장한 관대함이 있기 때문이라는 의견을 제시했다. SK와 합작기업을 만들 때 개인인 본인에게 30% 이상의 지분을 합의했다고 한다. 유기적으로 자체 신사업을 하는 방식이 아니라 무기적으로 신사업을 하고 성장하기 위해서는 이제까지 그 기업을 시작해서 성장시킨 임직원에 대한 존중과 관대함이 문화적으로 정착돼야 한다는 것이다.

그는 SK가 연구개발, 생산, 판매는 물론이고 경영진과 재무 라인도 큰 변경 없이 인력을 그대로 유지해 영속성과 직원의 안정성 부분의 이해도가 높다고 평가했다. 그는 SK가 시장에서 기업을 인수합병해 SK그룹과 시너지로 그 기업의 가치가 향상되도록 하는 핵심 문화를 갖고 있는데 관대함이라고 말했다. 현재 미국에서도 신사업의 많은 부분이 벤처투자로 진행되면서 인수합병을 통한 혁신을 가능하게 하는 경영, 문화, 조직에 대한 연구가 가장 뜨겁다고 한다.

데이터 기반의 IT 벤처생태계

　벤처생태계는 IT 분야에서 시작됐다. 디지털 혁명으로 인터넷과 휴대폰 기반의 거대 플랫폼 기업의 탄생이 본격화됐다. 이렇게 탄생한 플랫폼 기업이 성장하고 진화하면서 다양한 데이터가 생성되고 혁신적인 비즈니스 모델이 나왔다. 과거와는 다른 데이터 기반 사회라는 개념이 제안돼 큰 물결을 만들어내고 있다. 주가에 대한 새로운 게임의 룰도 등장했다. 이제는 플랫폼 기업에서 생태계 기업으로 변신하고 있다.

　초기 IT 분야는 거의 모든 개인이 휴대폰을 소유해 인터넷으로 연결된 거대한 초연결 네트워크가 만들어졌다. 디지털 혁신의 세계로 본격적으로 들어섰다. 이 혁신이 곧 디지털 혁명으로 이어져 다양한 IT 플랫폼 기업이 창업되고 거대 기업으로 성장했다. 애플이 스마트폰을 만들었는데 과거에 하드웨어 단말을 만들던 것과는 달랐다. 하드웨어를 기반으로 한 소프트웨어 생태계까지 연결되는 새로운 비즈니스 모델을 선보였다. 이 생태계를 통해 다양하게 활용 가능한 앱들을 연결하는 시스템이 개발됐다. 그리고 구글, 페이스북, 유튜브, 인스타그램 등 여러 IT 서비스와 소셜미디어 등이 발달했다. 이렇게 새로운 혁신 기술과 서비스는 개인의 생활을 크게 바꾸었다. 이 변화의 주체인 플랫폼 기업들은 다음과 같은 특징이 있다.

　첫째, 사이버 유동 인구의 증가에 따른 플랫폼 기업의 등장이다.

인터넷 시대가 열리면서 사이버 공간에 구글, 유튜브, 카카오 등 유용한 기능이 제공됐다. 사이버 유동 인구를 만들어내는 플랫폼 비즈니스가 시작된 것이다. 초기에는 사이버 유동 인구를 활용한 광고 비즈니스 모델로 시작한 플랫폼 비즈니스가 아마존의 등장으로 온라인 쇼핑으로 진화했다.

둘째, 미디어 플랫폼 기업의 확산과 양극화 해소다. 플랫폼 기업의 광고시장 공략으로 구글, 유튜브, 페이스북, 네이버, 카카오 등이 급성장했고 기존의 방송과 신문도 인터넷 기반 미디어로 진출했다. 또한 방송과 신문의 경계도 점점 사라지고 경쟁이 갈수록 심해져서 미디어 사업에 일대 지각변동이 일어나고 있다. 미디어의 독점 시대에서 유튜브와 같은 미디어 플랫폼, 메타와 같은 소셜네트워크서비스 플랫폼 등의 혁신 기업이 양극화를 해소하고 있다.

셋째, 온라인 쇼핑 플랫폼 기업의 확산과 영향력이다. 온라인 쇼핑으로 카드 결제 기능이 컴퓨터에서 휴대폰으로 확대되면서 인터넷과 연결된 모든 기기에서 결제할 수 있게 됐다. 즉 사물인터넷의 개념 자체가 확장 변화되고 있다. 가전제품과 자동차로도 확대됐고 휴대폰에 결제 기능 탑재로 새로운 비즈니스를 끊임없이 쏟아내고 있다. 아마존과 같은 기존의 온라인 쇼핑 기업뿐만 아니라 롯데와 신세계 등 전통 유통 기업부터 네이버와 카카오 같은 플랫폼 기업은 물론이고 삼성과 LG 등의 가전제품에서 바로 쇼핑이 가능하다.

현대자동차도 주차비, 통행료, 쇼핑 등의 사업으로 진출하고 있다. 현대자동차는 이를 위해 서비스로서의 교통TaaS, Transportation as a Service 본부를 신설해 엔터테인먼트로의 자동차 시대를 준비하였다. 하지만 가전회사와 자동차 회사의 노력에도 불구하고 거의 24시간 개인이 휴대하는 휴대폰 중심의 시스템을 바꿀 수 있을지는 의문이 남아 있다.

넷째, 플랫폼 기업이 심화하는 유통 시장에서의 경쟁이다. 미국에서 월마트와 아마존이 경쟁하듯 국내에서도 이마트와 롯데마트 등 전통적인 유통 기업과 쿠팡과 마켓컬리 등 플랫폼 기반 유통 기업의 경쟁에 대한 논쟁이 뜨겁다. 전통적인 유통 기업은 현재 밭떼기로 사서 1+1로 판매하는 대량 구매와 대량 소비로 비즈니스 전략을 짜고 있다. 반면 플랫폼 기반의 혁신 유통 기업은 개인 데이터를 활용해 개인의 성향과 재고를 바탕으로 구독경제 마케팅을 하고 물류를 상품화했다. 이들의 경쟁이 치열하다. 주가를 보면 플랫폼 기반의 혁신 유통 기업으로 무게추가 기울고 있다. 하지만 물류를 상품화해 고객을 장악하고 전통적인 유통업체와 경쟁에서 이겨 최종 승자가 될지는 여전히 물음표가 달려 있다.

다섯째, 금융업화하는 플랫폼 기업이다. 플랫폼 기업은 사용자 장악력을 활용해 멤버십 비용으로 할인과 프리미엄 서비스를 통해 구독경제를 이끌어 실제적인 고객의 돈을 저축하는 은행업으로 확산했다. 이를 바탕으로 인터넷뱅크로 그 기세를 이어가고 있다. 이제는 전통 금융산업과 인터넷 플랫폼 기업 사이의 '그레이트 게임 Great Game'으로 규정하는 애널리스트들이 등장하고 있다. 카카오도 무료 채팅으로 어떻게 사업이 가능할까라는 의문을 뒤로 하고 카오뱅크, 카카오택시 등 사용자 장악력으로 여러 사업으로 확장해 기존 금융권을 위협하고 있다. 시장에서는 네이버와 카카오를 이미 금융업으로 인식하고 있다.

이와 같은 플랫폼 기업들의 특징을 들여다보면 데이터 기반 사회의 물결이 장강을 이루는 것을 볼 수 있다. 개인이 이러한 IT 플랫폼을 사용하면서 엄청난 양의 데이터가 만들어졌다. 이 데이터를 활용하는 또 다른 서비스가 개발되면서 데이터 기반 사회로 나아가게 됐다. 4차 산업혁명을 거론할 때 디지털 전환, 디지털 트윈, 스마트팩토리, 스미트시티 등을 많이 언급한다. 이들 중심에도 데이터가 있다.

4차 산업혁명 이전까지는 특정한 목적으로 데이터를 모아서 통계 처리를 해 모델을 개발했다. 그리고 시뮬레이션을 통해 미래를 예측하는 시스템이 일반적이었다. 이러한 시스템에는 목적 중심으로 데이터와 기법들을 조합하는 등 주로 내부에서 진행되는 '닫힌 전략'이 적용됐다. 하지만 빅데이터와 인공지능을 기반으로 한 미래 예측 시스템은 초기에는 몇 가지 목적으로 데이터와 기법들을 조합하는 동시에 다양한 각도에서 접근하면 또 다른 사업 기회가 만들어질 수 있는 '열린 전략'을 지향한다. 즉 목적 중심의 닫힌 전략에서 데이터 중심의 열린 전략으로 전환되고 있다. 또한 이러한 과정에서 새로운 데이터의 요구도 발생하는 양방향의 다양성이 발생하게 된다. 데이터마이닝으로 빅데이터를 모아 인공지능을 통해 미지의 보석을 발견하고 이를 새로운 비즈니스 모델로 만들어 벤처기업을 끊임없이 양산하는 구조다.

데이터가 이끄는 새로운 시대

데이터는 그 자체가 가치를 가지고 새로운 시대의 변화를 이끈다. 이러한 흐름을 바탕으로 등장한 데이터 기반 플랫폼 비즈니스는 다음의 세 가지 핵심 역량으로 설명할 수 있다. 이는 미래 산업에 대한 전망이자 예상되는 시나리오이기도 하다.

첫째, 데이터 기반 예방 산업으로의 전환이다. 비즈니스 전략을 수립하기 위해서는 미래 예측을 위한 도구가 필요하다. 기존에는 사람의 행동이나 기계와 공장의 가동을 예측하기 위해 모델링과 시뮬레이션을 주로 활용했다. 원리를 관찰해 연역법적으로 접근한 방식이다. 그런데 10% 오차가 발생하며 실시간으로 예측하기도 쉽지 않은 측면이 있다. 이에 반해 빅데이터와 인공지능을 활용하는 현장 데이터 기반의 귀납법적 접근 방식은 오차범위를 1%로 줄일 수 있다. 인공지능 학습에는 많은 시간이 걸리지만 학습 후에는 실시간 예측이 가능하다. 이 말인즉슨 모든 산업을 예방 산업으로 전환할 수 있다는 뜻이다.

모델 기반 사회Model-Driven Society에서 데이터 기반 사회로 전환이 예상된다. 병이 걸리기 전에 미리 예방하고, 부품이 오작동하기 전에 미리 교환하고, 물건이 떨어지기 전에 미리 쇼핑한다는 것이다. 가령 빅데이터와 인공지능을 이용해 디지털 트윈을 구현하면 물류와 재고 등의 고정비를 최적화해 10~20% 정도 절약할 수 있다. 그리고 예측 기능으로 위험 요소를 줄여 보험 비용 등을 줄이면 15~70% 정도의 비용을 줄일 수 있다고 전망한다. 결제 기능이 있는 사물인터넷 기계는 실제 부품이나 기계가 사용되는 순간을 기준으로 결제가 가능해 향후 고정비를 더욱 줄일 수 있을 것으로 예측한다. 그래서 비대면 시장이 급속히 증가한 코로나19 기간에 미국의 벤처투자 40% 이상이 빅데이터와 인공지능 벤처기업으로 흘러들어 갔다.

또한 고혈압 약을 사용하는 혈압 기준을 140으로 할지 또는 150으로 할지에 따라서 수조 원의 제약 시장이 바뀔 수 있다. 배터리의 폐기 기준을 신품 용량의 50%로 할지 또는 60%로 할 것인지에 따라 배터리 시장이 바뀔 수 있다. 향후 빅데이터와 인공지능 기반의 미래 예측 기술은 이러한 기준 설정에 매우 큰 영향을 미칠 것으로 보인다.

둘째, 수직계열화에서 수평 플랫폼화다. 자동차 회사, 가전 회사, 철강 회사 등은 협력업체들과 수직계열화를 이뤄 경쟁력을 확보해 왔다. 반면 플랫폼 기업은 애플이 도입한 앱스토어처럼 많은 협력자와 협력업체가 자유롭게 접속할 수 있도록 하는 수평 플랫폼화 개념으로 경쟁력을 확보하고 있다. 애플은 스마트폰 활용도를 높이기 위해 앱스토어를 만들어서 앱 개발자와 사용자를 플랫폼으로 연결해 다양한 사업을 만들었다. 이처럼 빅데이터를 가진 기업이 다양한 인공지능을 연결하는 앱스토어와 같은 역할을 하는 플랫폼을 제공함으로써 다양한 데이터 기반의 사업을 만들어낼 수 있다. 유튜브도 같은 예로 볼 수 있다.

스마트팩토리, 스마트시티, 예방의학 사업, 신약 개발 등 많은 산업이 플랫폼 생태계로 발전할 것으로 예상한다. 수직계열화 생태계에서 협력업체는 앵커기업에 비해 인력과 부가가치가 떨어진다. 하지만 수평 플랫폼 생태계에서는 앵커기업 못지않은 인공지능 인력과 부가가치를 가진 벤처기업이 참여하고 있다. 따라서 수직계열화에서는 최상위 기업이 부가가치가 가장 높다. 그만큼 급여 수준도 가장 높다. 하지만 플랫폼 기업에서는 협력자와 협력업체가 더 높은 부가가치와 급여를 받을 수 있다.

모든 것을 내재화한 기업은 '연구-벤처-플랫폼기업'의 분업 구조에 비해 속도, 비용, 효율 측면에서 따라가지 못한다. SKT는 수천억 원 이상의 투자로 구축한 통신네트워크를 기반으로 매달 5만 원 정도의 통신비를 받는다. 하지만 통신비를 내지도 않는 쿠팡, 카카오, 네이버 등은 수십만 원의 수입을 올리고 있다. 이 때문에 SKT는 고민할 수밖에 없었고 결국 통신망 사업과 앱 사업을 분리하도록 했다. SKT가 SK네트워크를 만들어 카카오를 인수하지 않고 더 좋은 앱을 만들겠다고 한 게 대표적인 사례다. 하지만 결국 실패했다. GE의 스마트팩토리 플랫폼인 프레딕스Predix도 단독 개발로 실패했다. 그에 비해 지멘스는 마인드스피어라는 오픈 플랫폼을 개발해 많은 벤처기업과 함께하는 오픈 컬래버레이션 전략으로 스마트팩토리 사업을 진행하고 있다. 이처럼 최근에는 앵커기업이 협력업체와의 협력 패러다임을 바꾸고 있다. 즉 수평 플랫폼화로의 변화다. 플랫폼을 제공하는 앵커기업이 앱을 제공하는 기업에 투자하고 오픈 컬래버레이션을 하는 형태로 변모하고 있다.

많은 IT 혁신 기업이 창업하면서 '언번들링 비즈니스Unbundling Business' 개념이 등장하게 됐다. 과거에는 여행사에서 항공, 호텔, 투어 등을 한꺼번에 구매하는 번들링 비즈니스Bundling Business가 보편적이었다. 하지만 현재의 젊은 세대는 항공, 호텔, 투어를 각각 다른 앱에서 구매한다. 소비 패턴의 변화에 따라 기업의 비즈니스 모델도 변화하고 있다. 불특정 다수를 상대로 하는 대중 비즈니스Mass Business를 하면서도 빅데이터와 인공지능을 도입해 개인맞춤형 지원을 더 싼 비용으로 할 수 있게 됐다. 2020년 하버드대학교에서도 20개 이상의 에듀테크 기업과 협력해 입학, 강의, 평가, 진로지도 등에서 개인맞춤형 언번들링 교육Unbundling Education을 하겠다고 발표했다. 카카오뱅크도 언번들링 은행Unbundling Banking을 구축하고 있는 등 전 분야에 수평 플랫폼 협력 기반의 언번들링 비즈니스 개념이 확산되고 있다.

셋째, 블록체인 기반의 분산 프로토콜 경제다. 구글은 인공위성 또는 풍선 기구를 통해 전 세계에 무료 와이파이를 제공하겠다는 전략을 가질 정도로 데이터의 가치를 높게 평가하고 있다. 구글은 어느 나라에서나 차기 정치지도자가 누가 되는지를 예측할 수 있다. 이러한 데이터는 늘 정치 조직과 거래할 가능성이 있다. 이렇게 데이터의 중요성이 부각되면서 개인 데이터를 사용하는 것에 대한 논리가 발전하기 시작했다. 비즈니스에서 개인 데이터를 허가 없이 사용해도 되는지, 또한 발생한 이윤이 개인에게도 분배돼야 하는지 등이 논의되기 시작한 것이다.

데이터와 관련된 논리 중 하나가 데이터 주권이라는 개념이다. 스마트시티와 관련한 데이터의 75%가 개인 데이터라고 한다. 데이터 주권 개념이 도입되면 개인 데이터에 대한 활용 허가를 받아야 다양한 비즈니스를 할 수 있게 된다. 또한 보안과 이윤 분배가 현재 인터넷 기술로는 구현하기 쉽지 않기 때문에 블록체인을 기반으로 하는 프로토콜 경제로의 전환이 필요하다는 예측이 나오고 있다. 블록체인이 단순한 가상화폐가 아니라 경제적으로 매우 중요한 기술로 인식되고 있다. 예를 들어 우리가 은행에 저금한 돈을 은행은 우리의 의사와 관계없이 다른 사람에게 빌려준다. 블록체인 기술이 있으면 저금한 사람들은 자신의 돈이 어디로 가는지를 알 수 있고 의사결정에 관여할 수 있다. 또 그 이윤을 분배받을 수 있게 된다. 이러한 논리가 다양한 데이터에 적용될 수 있다는 것이다.

게임의 룰을 만들어가는 미국은 플랫폼 기업이 데이터를 기반으로 미래 전략을 독점적으로 변화시킬 것으로 보고 이러한 미래 가치를 주가에 반영하고 있다. 그래서 미국의 주가 상위 기업은 대부분 플랫폼 기업을 표방하는 빅테크로 불리는 기업이 차지하고 있다. 미국에서 톱 애널리스트가 주가 공식을 만들고 이에 따라 투자자가 실천하면서 전 세계로 확장해 게임의 룰을 만들고 있다. 미국의 금융권 애널리스트, 투자은행, 액셀러레이터, 벤처캐피털, 사모 펀드 등이 기업을 분류하고 인덱스를 제공하면서 어느 인덱스에 들어가느냐에 따라 주가 예측 방법을 달리하는 상황이다. 이러한 흐름을 두고 '인덱스의 시대'로 부르기도 한다.

이에 대해 가장 주목받는 예가 테슬라다. 제조업인데 플랫폼 기업의 인덱스로 주가를 계산한다. 애플도 제조업 같지만 스스로 제조하지도 않고 앱스토어를 통한 플랫폼 기능이 확실하다. 테슬라 사례는 더 도드라지게 보인다. 테슬라는 초기 배터리를 관리하고 정비하기 위해 배터리 관리 시스템BMS, Battery Management System 데이터를 모으고 있다. 이 데이터에는 사람의 주행 습관, 자동차 설계, 배터리 설계, 재료 설계 등 모든 데이터가 반영돼 있다. 그 때문에 자율주행, 중고차 시장, 보험 등을 기반으로 하는 구독경제가 가능하다. 심지어 배터리 설계, 음극재 및 양극재 재료 설계까지 영역을 확대하고 있다. 그리고 자동차 배터리를 에너지 저장장치ESS로 활용해 전기차-전력 계통 연계V2G, Vehicle to Grid 에너지 거래 분야로도 확장할 전략을 발표하면서 데이터 기반의 모빌리티 플랫폼 기업을 표방하고 있다. 이로 인해 2024년 기준으로 테슬라는 토요타, 벤츠, BMW를 합친 것보다 더 큰 기업가치를 주식시장에서 보여줬다.

이러한 플랫폼 기업의 패러다임은 또 한 번 변화의 문턱을 넘어서려 한다. 즉 생태계 기업으로 전환하는 것이다. 최근 구글은 플랫폼을 넘어 생태계 회사를 지향하면서 새로운 게임의 룰을 요구하고 있다. 생태계 기업의 핵심 또한 데이터다. 그런데 생태계 기업의 핵심 인력은 누구일까? 구글은 사내벤처를 꼽는다. 최근 들어 구글은 투자의 절반 정도를 사내벤처에 투자한다고 한다. 구글에 입사한 우수 인력이 5년 정도 구글에서 일하면서 얻은 아이디어로 창업한 회사가 구글이 활용하기 좋다는 것이다. 또한 구글도 큰 조직이어서 구글의 인력과 예산으로 모든 영역을 혁신하기 어려운데 사내벤처를 활용하면 10배 레버리지로 구글 전체를 혁신할 수 있다는 것이다. 구글에서 나가는 1명의 인력에다가 외부에서 9명을 채용하고 구글에서 10%를 투자하면 벤처캐피털 시장에서 90% 투자금을 끌어올 수 있다는 말이다. 이는 사내벤처를 활용해 기업 전체를 혁신하는 개념이 생태계의 핵심 역량이라는 것을 보여준다.

이러한 모델이 글로벌 스탠더드로 자리 잡는다면 IT를 넘어 바이오와 소·부·장 분야로 확장될 수 있을 것이다. 국내 기업도 사내벤처를 활용해 기업 전체를 혁신하는 전략을 고민해야 할 때다.

기획·창업 바이오 생태계의 부상

기대수명이 증가하면서 1990년대부터 바이오 분야의 연구비가 급속히 늘었다. 바이오 연구와 글로벌 제약회사를 연계하는 기획·창업 벤처캐피털과 디지털 헬스케어가 바이오 분야 벤처기업의 추진력이 되고 있다.

바이오 분야의 특성상 바이오 기획·창업 벤처캐피털의 역할이 중요하다. 대학과 국책연구소에서 바이오 연구가 확대되면서 글로벌 제약회사는 새로운 신약 개발을 위한 파이프라인을 공개해 오픈 컬래버레이션 시대로 진입하게 됐다. 1990년대 들어서 존슨앤드존슨 등의 대형 제약사, 즉 빅파머Big pharma는 하버드대학교 등의 대학 바이오연구소를 활용해 신약 개발을 시도했다. 그러나 기초연구와 실제 사업 사이에 큰 괴리를 확인하며 실패한 경험이 있다. 이 괴리를 채우기 위해 2000년대부터 플래그십Flagship, 아틀라스Atlas, 아치Arch 등과 같은 바이오 기획·창업 벤처캐피털이 들어와 모더나와 같은 성공 사례를 내놓기 시작했다. 특정 글로벌 제약회사가 공개한 신약 파이프라인 개발을 위해 A 대학과 B 대학 교수들의 기술들을 융합해 바이오 벤처기업을 기획하는 것이 성공 확률을 높일 수 있다는 취지다. 바이오 기획·창업으로 만들어진 벤처기업의 성공률은 단독으로 창업하는 일반적인 바이오 벤처기업에 비해 30배 이상 높다. 또한 나스닥 상장 바이오 벤처기업의 30% 이상을 담당하게 됐다.

코로나19는 대형 바이오 벤처기업이 등장하는 분기점이 됐다. 예를 들어 모더나가 글로벌 제약회사 화이자와 경쟁할 만큼 성장했다. 이에 따라 IT 분야 빅테크 기업의 성공이 바이오 분야로 확대됐다. 전 세계 25개 내외의 바이오 기획·창업 벤처캐피털이 이를 주도하고 있다. 한국은 이제 바이오 기획·창업 벤처캐피털이 태동하는 단계다.

또 다른 바이오 벤처 분야로 디지털 헬스케어 사업이 부상하고 있다. 기대수명이 늘고 노인 의료비 부담이 커지면서 DNA 검사, 정기 건강검진, 식생활과 운동에 대한 바이오 로그Bio Log 데이터 등을 기반으로 하는 예방의학이 주목받고 있다. 2023년 통계로 보면 미국에서 의료지출이 국내총생산의 18%를 차지한다. 고령화 사회로 가면서 늘어나는 의료비 지출을 반드시 줄여야 한다는 요구가 있다. 이를 개선하기 위해 예방의학으로 큰 병이 발병하지 않도록 하면 70% 정도의 비용이 줄어들 것으로 예상한다. 우리나라는 현재의 건강보험 비용 수준으로도 디지털 헬스케어를 통해 충분히 건강관리가 가능할 것으로 전망한다.

빅파머들은 의학연구비를 늘이고 오픈 컬래버레이션을 하면서 다양한 로비로 인해 약값이 너무 늘어났다는 지적이 있다. 특히 의사가 처방하는 약값이 너무 높아 이를 해결해보려는 아마존이 시도한 적이 있다. 결국은 빅파머의 로비로 실패했다. 미국은 인구는 전 세계의 4%이지만 약값의 60%를 지불하고 있다. 그러다 보니 빅파머들은 약값 인하의 압력을 받고 있다. 미국 정부가 제안하는 80%의 약값 인하를 빅파머가 받아드리게 된다면 바이오 벤처생태계 전체가 구조조정이 될 것으로 예상된다.

파운드리 개념의 제조업 벤처생태계

제조 기반의 벤처생태계를 시도한 분야가 반도체 산업이다. 실리콘밸리의 어원에서 알 수 있듯이 실리콘밸리에서 페어차일드, 인텔, AMD, 선마이크로시스템 등의 반도체 벤처기업이 탄생했다.

반도체 산업 분야는 반도체 제조를 위한 대규모 생산 시설 투자에 대한 부담을 파운드리의 팹리스 생산으로 분업화했다. 그 덕분에 반도체 분야의 연구결과를 벤처기업으로 상용화하는 시스템이 가능해졌다. 그리고 칩리스, 팹리스, 디자인하우스, 파운드리로 분업화가 진행돼 반도체 연구 상용화의 효율을 높이는 반도체 벤처생태계를 형성했다. 반도체 파운드리는 1980년대 TSMC의 탄생과 애플, 엔비디아 등의 팹리스 반도체 기업의 성공으로 파운드리 사업의 낮은 수익률에 대한 초기 비판을 잠재우고 시장에 정착했다. 2000년 이후부터 본격적으로 반도체 벤처기업 생태계 구축을 가속했다.

이러한 반도체 산업 모델과 비슷한 사례는 다른 분야에서도 찾을 수 있다. 실제 대형 유통회사의 위탁생산은 이미 일반화됐다. 화장품 분야도 위탁생산으로 꽤 많은 벤처기업이 탄생하고 있다. 예를 들어 한국콜마와 코스맥스 등 주문자 상표 부착 생산OEM과 제조자 개발 생산ODM 전문 회사가 이커머스 및 인플루언서 마케팅과 협력해 적은 투자 비용으로 창업을 유도하고 있다.

반도체 분야의 파운드리 개념은 타 분야에서 벤처기업을 통한 신사업 생태계의 확산에 영감으로 작용했고 성공을 거두고 있다. 파운드리 개념이 바이오와 에너지 분야 등 제조 기반의 전 분야로 확대되고 있다. 인공지능 및 로봇 기술을 활용해 연구개발 속도와 효율을 극대화하고 개발 대행과 위탁생산까지 가능한 합성 생물학 파운드리도 새롭게 등장했다. 거기에다 바이오 파운드리, 에너지 파운드리 등의 개념이 등장하면서 실제 비즈니스 모델로 구현하기 위한 시도가 이어지고 있다.

바이오 파운드리 분야에서는 설계Design-생산Build-검사Test-학습Learn 사이클을 통한 신물질 설계로 시행착오를 줄인다. 나아가 이 과정을 데이터베이스화 및 인공지능 활용으로 독창적인 물질 개발로 개념이 확대되고 있다. 에너지 파운드리 개념은 배기가스로부터 이산화탄소, 일산화탄소, 산소 등의 가스를 분리하고 정제해 가스 기반 벤처기업의 사업화 검증PoC, Proof of Concept이 가능하도록 하는 것을 뜻한다. 이는 연구결과를 기반으로 벤처 창업을 함으로써 대규모 투자 없이 파운드리와 협력해 상용화를 추진하는 분업-협업 기반의 새로운 프로세스다. 이러한 방식은 신사업 창출의 기반이자 글로벌 스탠더드로 자리 잡아 가고 있다.

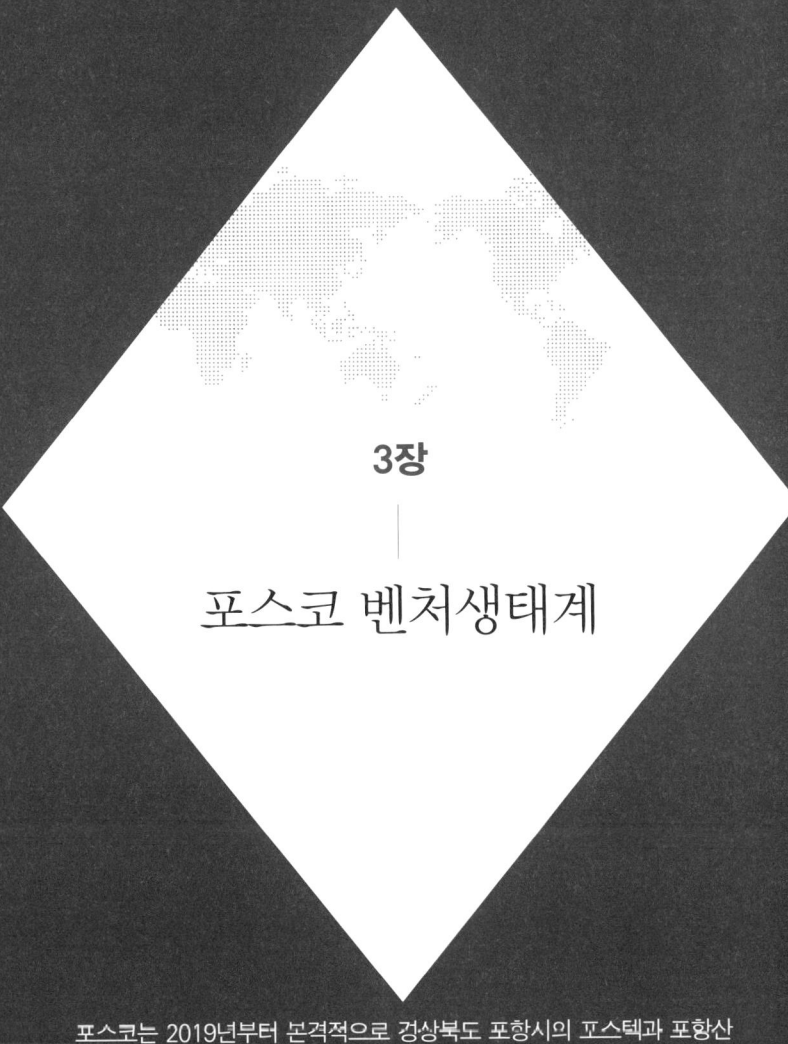

3장

포스코 벤처생태계

포스코는 2019년부터 본격적으로 경상북도 포항시의 포스텍과 포항산업과학연구원RIST의 산학연 캠퍼스를 중심으로 벤처생태계를 구축하고 있다. 포스코, 포스텍, 포항산업과학연구원, 포항시, 경상북도, 동문기업, 동문 벤처캐피털, 동문 변호사·변리사 등 다양한 의견의 집단지성을 바탕으로 교육, 연구, 실용화, 창업, 보육, 투자, 국내외 마케팅, 공장 구축 등 여러 가지 정책을 기획하고 실천하는 중이다.

포항을 중심으로 구축된 포스코 벤처생태계는 전라남도 광양시로 확대되고 있다. 이후 경상북도와 전라남도가 논의해 포항시와 광양시를 넘어 경상북도와 전라남도 전체의 벤처생태계를 지원하는 것으로 확대됐다. 이는 지방 소멸로 인해 어려움에 직면한 지역에서 벤처생태계가 지역 경제 활성화라는 성과로 이어지는 등 새로운 희망으로 자리 잡았다. 이러한 포스코 벤처생태계 모델은 다른 지역으로 확산될 수 있을 것이다.

1
포스코 벤처생태계의 구조

포스코 벤처생태계는 포스코와 포스텍의 성공 역사를 기반으로 포스코그룹을 모두 아울러 하나로 만든다는 정신에 기반하고 있다. 포스코는 원래 보유하고 있던 교육과 연구의 산학연 인프라를 기반으로 벤처생태계를 구축했다. 그 때문에 기초연구에서 실용화, 사업화, 스케일업, 해외 진출 등 전 영역을 포괄하는 특징이 있다. 포스코는 벤처밸리와 벤처펀드 조직을 만들어 전 주기 벤처생태계를 구축했다.

포스코 벤처생태계의 준비

벤처생태계가 시대정신이라면 과연 포스코에 맞는 차별화된 벤처생태계는 무엇일까? 자연스러운 해답은 국내 최고 연구 중심 대학인 포스텍을 활용한 포스코만의 벤처 플랫폼을 만드는 것이다.

포스코그룹의 역사는 마치 벤처생태계를 위한 준비 과정으로 해석되기도 한다. 포스코는 1968년 창업해 '제철보국'의 경영 철학으로 산업화의 중추적인 역할을 했다. 세계적인 철강 전문 분석 기관인 월드 스틸 다이내믹스WSD, World Steel Dynamics는 포스코를 2011년부터 14년 연속 세계에서 가장 경쟁력 있는 철강사로 선정했다. 포스코는 2011년 조강 생산량 세계 4위로 최고 순위를 기록했고 2023년 7위를 유지하고 있다. 포스코는 '다보스포럼'으로 알려진 세계경제포럼WEF으로부터 국내 기업 중 최초로 '등대공장'으로 선정돼 스마트팩토리 기술력을 인정받았다. 포스코는 2022년 지주사로 전환해 철강기업에서 이차전지 소재를 포함하는 신사업으로 도약을 선언했다.

포스코는 자체적인 성장뿐만 아니라 교육의 씨앗을 뿌리는 데도 투자를 아끼지 않았다. 1986년 '교육보국'의 이념으로 국내 최대인 2조 원을 출연해 국내 최초 연구 중심 대학인 포스텍을 설립하고 방사광가속기를 구축했다. 포스코의 연구소인 포항산업과학연구원과 함께하는 포스텍 캠퍼스는 2조 원 규모의 연구개발 인프라를 보유하고 있다. 단일 연구 캠퍼스로는 미국 스탠퍼드대학교 다음으로 세계 2위 규모다. 포스텍 캠퍼스는 학생들을 포함해 5,000명이 넘는 연구원이 매년 1조 원 가까운 연구 예산으로 연구 활동을 하고 있다. 포스텍 출신 벤처기업이 300개가 넘고 이들의 최대치 시가총액은 15조 원을 넘었다.

포스텍 캠퍼스에서 왕성한 연구개발이 진행된다면 다음 단계는 당연히 벤처생태계를 조성하여 사업화를 하는 것이다. 포스코가 벤처생태계를 구축하기 시작한 것은 2019년이다. '혁신보국'의 이념으로 포스텍 캠퍼스의 연구결과 상용화를 위해 1조 원 규모의 벤처투자를 범포스코 차원으로 진행했다. 포스코 벤처생태계의 목적은 산학연 협력에 기반한 미래 신사업 창출, 청년 일자리 창출, 지방 소멸 대응 등이다.

포스코 벤처생태계는 벤처밸리와 벤처펀드 조직으로 구성됐다. 벤처밸리는 포항과 광양을 중심으로 창업 활성화와 벤처기업의 체계적 육성으로 창업생태계를 조성한다. 벤처펀드는 최고의 액셀러레이터-벤처캐피털-사모펀드의 전 주기 글로벌 펀드를 구축해 최고의 성과를 내고 이를 통해 선순환되도록 운영하면서 우수 벤처기업에 투자한다. 이렇게 포스코 벤처생태계는 대학, 연구소, 벤처, 대기업 간의 협력체계를 완성함으로써 포스코그룹의 미래 성장 동력을 확보하고 지역 경제 활성화에도 기여할 수 있다.

포스코 벤처생태계의 정신

포스코 벤처생태계를 준비하면서 가장 첫 번째 맞닥뜨린 고민은 방향성이었다. 어떤 방향으로 준비해야 할지가 고민이었다. 그 방향성은 포스코의 역사를 보며 참고했다. 우선 포스코 역사를 보면 역시 사람들의 마음을 모으는 첫 번째 주춧돌은 정신세계였다. 포스텍에서 벤처생태계를 구축할 때와 같이 정신을 준비하는 작업이 필요했다. "포스코보다 더 큰 기업을 만드는 꿈을 꾸는 청년 창업가를 어떻게 모을 것인가?" "포스코가 지금의 포스코가 될 때까지 국가와 사회에서 큰 지원을 아낌없이 받았는데 이를 청년 기업가에게 되돌려주는 마음이 필요하지 않을까?"라는 질문이 그 시작이었다.

나는 포항시와 광양시의 지역 벤처기업과 포스텍 및 포스코 출신 벤처기업을 만나서 이렇게 말하였다.

"포스코보다 더 큰 기업을 꿈꾸세요. 포스코가 지금의 포스코가 되기까지 국가와 사회의 많은 지원과 혜택을 받았는데 그것을 여러분에게 되돌려주고 싶습니다. 포스코를 도와주기보다 포스코를 활용해서 더 큰 기업으로 도약하세요. 포스코로부터 어떤 지원을 원하시나요? 우리에게 알려주세요."

포스코 벤처생태계를 만들기 위한 여러 마음을 모으는 과정에서 포스코의 역량을 강조했다. 벤처기업에 포스코의 역량을 활용한 기업 성장을 위한 아이디어를 내달라고 요청했던 것이다. 이때 나는 그들이 활용할 수 있는 포스코의 역량을 비즈니스 인프라, 교육 및 연구 인프라, 정부와 지자체 지원, 벤처생태계 네 가지로 압축해 설명했다. 먼저 비즈니스 인프라다. 2024년 기준으로 포스코는 철강, 이차전지, 트레이딩, 건설, 정보통신기술ICT 등의 분야에 50여 개의 계열사, 100조 원이 넘는 자산, 70조 원이 넘는 매출, 40조 원이 넘는 시가총액, 50여 개국에 100여 개 해외 거점을 가진 자산 규모로 국내 재계 5위의 글로벌 기업이다. 이 막강한 비즈니스 인프라를 활용해 현 사업의 경쟁력 강화와 신사업 발굴을 위해 벤처투자와 협업하고 해외 진출을 지원할 수 있다.

둘째, 교육 및 연구 인프라다. 포스코는 포항 지곡캠퍼스에 포스텍, 포항산업과학연구원, 방사광가속기연구소 등 2조 원 규모의 연구개발 인프라를 보유하고 있다. 포스텍 캠퍼스는 학생을 포함해서 5,000여 명의 연구원이 연간 1조 원 가까운 연구비 예산으로 연구 활동을 하고 있다. 이곳에서 우수 인재를 배출하고 세계적인 연구 성과를 내고 있다. 이를 기반으로 창업을 활성화하고 생태계를 구축할 수 있다.

셋째, 정부와 지자체 지원이다. 포스코그룹은 포스텍, 포항산업과학연구원, 방사광가속기연구소 그리고 협력 기업과 함께 중앙정부의 교육부, 과기부, 중기부, 산업부와 협력 관계를 구축하고 있다. 또한 경상북도와 전라남도에 가장 큰 공장을 가지고 있어 지자체와 긴밀한 협력을 맺고 있다. 이들의 강력한 지원을 받아 민관 협력 사업, 벤처기업 지원 프로그램, 스마트시티 관련 벤처기업의 실증 사업 등을 통해 청년 일자리 창출, 지역 경제 활성화, 지방 소멸 대응과 같은 활동을 하고 있다. 이는 포스코가 지난 50여 년간 구축해온 가장 큰 자산인 지역 기반의 신뢰가 있어 가능하다.

넷째, 벤처생태계다. 포스코는 포스코펀드가 투자한 1,500여 개 벤처기업과 벤처밸리에 입주한 120여 개 벤처기업을 보유하고 있다. 또한 벤처밸리 입주 기업, 포스텍 동문 기업, 포스코 사내벤처 등으로 기업 풀을 조성하고 국내외 톱 액셀러레이터와 벤처캐피털과 협력해 우수 벤처기업을 계속 발굴하고 있다.

이러한 네 가지 역량을 갖춘 포스코는 일방적인 관계를 만들지 않고 벤처기업으로부터 이러한 역량과 관련한 활용 방안을 제안받기로 했다. 그 제안 중에서 공통적인 것은 인프라와 프로그램으로 만들고 개별적인 것은 맞춤형으로 지원한다. 포스코 벤처생태계는 포스코 내부 역량만으로 조성되지 않았다. 관련된 많은 이해관계자와 함께 하는 집단지성으로 기획되고 조성된 것이다. 비전은 방향을 알려주고 소통은 추진력을 만든다는 격언을 실천한 것이다. 포스코가 세계 최고 수준의 벤처생태계를 조성할 수 있는 내부 자원과 외부 네트워크를 모두 보유했기 때문에 가능한 일이었다. 또한 생태계라는 단어의 의미에 충실하게 방향과 전략을 추구하였기에 가능한 일이었다.

교육과 연구가 만나는 혁신 플랫폼

벤처생태계 조성의 씨앗인 포스코가 구축한 교육과 연구에 대해 먼저 살펴보자. 지난 50년간 포스코그룹은 교육과 연구 인프라 조성을 위한 투자를 많이 해왔다. 포스코그룹은 설립 초기부터 교육에 대대적으로 투자했다. 교육은 미래 인력을 배출하는 것이고 인력은 모든 가치 창출의 원천이다. 또한 교육은 일자리와 의료와 함께 정주 여건의 핵심이다. 교육과 의료 복지를 갖춘 기업은 최고 인력을 확보할 수 있는 기반을 갖춘 것이다.

포스코그룹은 제철보국과 함께 교육보국 경영 철학으로 유치원과 초중고 교육을 담당하는 포스코 교육재단, 대학 및 대학원 교육을 담당하는 포스텍, 다양한 장학금을 제공하는 청암재단, 포스코그룹의 사내 교육을 담당하는 인재창조원 등의 교육기관을 보유하고 있다. 국내 최고 교육 환경을 지닌 기업으로 자부할 수 있다. 포스코그룹이 보유하고 있는 교육기관의 2021년 현황은 다음과 같다. 1971년 발족한 포스코교육재단은 현재 유치원 2개, 초등학교 4개, 중학교 2개, 고등학교 4개로 총 12개 학교를 보유하고 있다. 포스텍은 1986년 교육부 인가를 받아 현재 학부 13개 학과에 1,285명, 대학원 31개 학과와 전공에 2,430명 해서 총 3,715명의 재학생이 학위과정 중에 있다. 졸업생은 박사 4,715명 포함 2만 1,978명이며 이 중에서 1,593명의 교수를 배출했다. 인재창조원은 2015년에 독립법인으로 설립돼 현재 인천 송도, 포항, 광양 등 3개 지역 러닝센터에 153명이 근무하고 있다. 지금까지 71개 교육과정으로 7만 9,583명을 교육했으며 e러닝 8,121개 과정으로 모두 89만 6,393명을 교육했다. 포스코청암재단은 1971년 제철장학회로 시작해 2005년 재단법인 포스코청암재단으로 확대 개편됐다. 현재까지 신진 교수 240명, 박사과정 300명을 포함해서 총 1만 2,723 명을 지원했다.

포스코그룹은 다양한 연구 인프라도 구축하였다. 포스코그룹은 포스텍 산하 대학원과 부설연구소, 포항방사광가속기연구소, 포항산업과학연구원, 포스코연구소를 보유하고 있다. 포스코연구소는 중앙연구소격인 미래기술연구원과 사업 회사별 연구소로 구성돼 있다. 2021년 통계로 연구원 총 1,980명, 연구비 9,827억 원이다. 포스코그룹의 연구기관은 다양하게 있다. 우선 포스텍을 보면 현재 교수 포함 연구원은 725명이고 연구비는 2,173억 원이다. 포스텍 대학원은 일반 대학원 28개, 철강·에너지소재 분야의 전문대학원 2개, 정보통신 분야의 특수대학원 1개 등으로 총 31개 대학원을 보유하고 있다. 포스텍 부설연구소는 총 101개 연구소를 보유하고 있다.

방사광가속기연구소는 1988년 설립돼 1994년 3세대 방사광가속기와 2016년 4세대 방사광가속기를 준공했다. 포스텍은 2017년 정부에 방사광가속기연구소를 기부채납했다. 현재 과기부 산하 국책연구소로 포스텍이 위탁운영하고 있다. 포스텍은 가속기연구소를 중심으로 거대 과학 인프라 구축 및 운영에 최고 전문성을 보유하고 있다. 연구소 연구원은 170명이고 연구비는 1,511억 원이다. 포항산업과학연구원은 1987년 당시 국영기업인 포스코가 전액 출연해 과기부 산하 재단법인 연구소로 출범했다. 현재 연구원은 208명이고 연구비는 932억 원이다. 또 포스코 산하 연구소는 현재 연구원은 885명이고 연구비는 5,072억 원이다.

포스코는 포스텍-방사광가속기연구소-포항산업과학연구원의 산학연 협력 기반 지곡캠퍼스를 구축했다. 지곡캠퍼스는 초기부터 면적 기준으로 포스텍 50%와 포항산업과학연구원 50%로 산학연 협력이 가능하도록 설계됐다는 특징이 있다. 그리하여 포스텍과 방사광가속기연구소의 기초연구, 포항산업과학연구원의 실용화 연구와 파일럿 플랜트Pilot plant, 체인지업그라운드의 창업·보육·투자, 포스코인터내셔널을 통한 해외 마케팅 등 '기초-실용화-창업-보육-투자-생산공장-해외 마케팅' 등 벤처생태계의 전 영역이 가능한 세계 유일의 캠퍼스로 발전했다. 좋은 연구 중심 대학은 많다. 하지만 대학의 연구결과를 실용화하고 생산 공장까지 지원하는 포항산업과학연구원의 존재는 지곡캠퍼스의 독특한 핵심 요소다.

포스코는 포스텍과의 산학협력에서 포스텍 출신의 연구원이 너무 많지 않나 하는 우려를 가지고 있다. 이런 점에서 포스코와 포스텍의 구성 인력 특징도 한번 살펴볼 필요가 있다. 포스코는 전국의 다양한 대학에서 인력을 채용한다. 이와 마찬가지로 포스텍도 다양한 대학 출신의 '용광로Melting Pot'다. 2021년 통계를 기준으로 살펴보면 다음과 같다. 소수정예와 대학원 중심 대학 전략으로 대학원생의 모교 출신 비율은 39%에 불과하다. 외부에서 대학원생이 수혈되지 않으면 대학원 운영이 어려워진다. 포스텍의 전임교수는 31개 대학 출신이고 비전임교수는 102개 대학 출신이다. 대학원생은 182개 대학 출신으로 구성된다. 포스텍에서 박사학위를 받은 사람을 교수로 임용한 대학은 더 다양해 국내 127개 대학과 해외 74개 대학 등 총 201개다. 포스코그룹에서 포스텍에서 학위를 받은 연구원은 247명이다. 이 중 포스텍 학부 출신은 38명에 불과하다.

포스코가 만든 벤처 창업의 엔진

지금까지 살펴본 것과 같이 기존의 교육과 연구 인프라를 기반으로 창업생태계를 구축하면서 포항 지곡캠퍼스는 미래 우수 연구와 창업 인재를 위한 교육뿐만 아니라 기초연구에서 사업화까지 가능한 '벤처밸리 캠퍼스'로 변모했다. 포스코와 포스텍 간 깊은 수준의 융합을 통해 새로운 산학협력 모델을 실현하고 있다. 이곳에 벤처생태계를 구축해 미래 성장 동력을 확보하고 국가와 지역 경제 활성화에 기여하려고 한다. 지곡캠퍼스의 벤처생태계 체계는 앞서 말했듯이 다양한 의견을 수렴한 집단지성으로 만들어졌다.

먼저 교육과 기초연구를 보면 교육은 포스텍이 하고 기초연구는 포스텍과 가속기연구소에서 한다. 포스텍은 교육보국 정신으로 설립된 우리나라 최초의 연구 중심 대학이다. 방사광가속기연구소는 한국 과학의 심장인 3세대와 4세대 두 개의 방사광가속기를 보유하여 첨단 실험과 세계적인 연구결과로 한국 기초과학과 산업 성장의 핵심을 담당하고 있다. 포스텍과 방사광가속기연구소는 소·부·장, IT, 바이오 등 기초연구 및 기초기술 개발을 통해서 우수 연구 성과와 지식재산권을 창출한다.

실용화 연구는 포항산업과학연구원이 담당한다. 포항산업과학연구원은 국내 최초로 민간이 설립한 실용화 연구기관이다. 포스텍의 기초연구결과를 바탕으로 대량생산이 가능하도록 지원한다. 이 부분이 서울대학교, 카이스트, 국가연구소 등에는 없는 기능이다. 삼성, 현대, LG 등 대부분의 대기업은 창업된 벤처기업을 지원 프로그램을 운영하고 있지만 기초연구에서 창업까지 지원하는 것은 포스코만 가지고 있는 독특한 시스템이다. 포스코 벤처생태계를 구축한 지난 5년간의 경험으로 미래 먹거리인 연구결과를 효율적으로 사업화하려면 이 실용화 부분부터 영리기관인 기업이 관여하는 것이 매우 중요하다는 것을 깨닫게 됐다. 실용화 연구는 주로 스케일업 연구로 자동화, 양산 공정 개발, 대면적화, 저가형 기술, 환경 대응 기술 개발 등을 포함한다.

사업화, 즉 창업과 보육은 인큐베이팅센터인 체인지업그라운드와 바이오 오픈 이노베이션 센터BOIC, Bio Open Innovation Center에서 담당한다. 포스텍, 포스코, 경상북도, 포스텍 교수 창업 기업인 제넥신의 협력으로 건축된 바이오 오픈 이노베이션 센터는 실험이 가능한 시설을 포함해 바이오 특화 창업보육을 담당한다. 체인지업그라운드는 벤처기업 발굴과 육성을 위해 포스코가 운영하는 대표적인 스타트업 인큐베이팅센터다. 창업의 전 주기를 지원해 포스코의 미래성장동력을 확보하고 있다. 또한 포스코는 벤처펀드를 조성해 벤처밸리 보육기업의 투자연계, 미래산업 센싱, 신사업 후보군 지분을 보유한다.

스케일업과 관련해서는 소·부·장, IT, 바이오 분야 각각의 벤처기업 스케일업 프로그램을 기획하고 있다. 첫째, 제조업 기반 벤처 기업의 첫 공장인 파일럿 플랜트는 첨단 제조 인큐베이팅센터가 담당한다. 첨단 제조 인큐베이팅센터는 포항산업과학연구원이 보유한 조업, 안전, 환경, 스마트팩토리 역량을 바탕으로 제조 기반 창업의 고도화와 생산 효율성 극대화를 위한 기술 개발, 실증, 양산을 지원하고 있다. 둘째, IT 분야 중 스마트팩토리 벤처기업의 실증 및 사업화 지원은 포스코그룹의 정보통신기술 기업인 포스코DX와 협력해 진행한다. 이와 비슷하게 스마트시티 벤처기업의 실증 및 사업화 지원은 포항시와 경상북도 그리고 광양시와 전라남도와 협력해 진행한다. 셋째, 바이오 분야는 포스코그룹 내 사업이 없기 때문에 포스텍 출신 바이오 벤처기업을 중심으로 새롭게 스케일업 인프라를 구축한다.

국내외 마케팅은 포스코그룹을 통해 협력이 가능한 벤처기업을 선정해 실증과 판매를 지원한다. 또한 포스코인터내셔널이 보유한 철강, 에너지, 식량, 화학, 부품소재, 인프라 등 다양한 사업군의 해외 네트워크를 활용해 해외 마케팅을 지원한다.

포스코 벤처생태계는 국내는 물론 세계적으로 유일하게 기초연구에서 실용화 연구를 거쳐 실용화와 창업 그리고 해외 마케팅까지 가능한 전 주기 사업화 체계를 갖춘 것이 가장 큰 특징이다. 즉 포스코는 산학연 협력 기반의 스타트업 클러스터를 구축해 운영하고 있다.

포스코의 벤처생태계 파이프라인

포스코그룹은 현재 사업의 지속가능성과 미래 신사업의 씨앗을 찾는 파이프라인 역할을 위해 산학연 인프라를 활용한 포스코형 벤처생태계 구축을 시작했다. 이를 위하여 2019년 산학연협력실을 신설하고 산하에 벤처밸리와 벤처펀드 조직을 구성했다. 벤처생태계의 세 가지 요소인 창업, 투자, 회수 중 창업은 벤처밸리 조직이 맡고 투자와 회수는 벤처펀드 조직이 담당하다.

벤처밸리 조직은 산학연 협력을 기반으로 창업 활성화와 육성을 지원해 창업생태계인 벤처밸리를 조성한다. 창업과 육성을 위한 하드웨어 인프라를 지역별로 포항, 광양, 서울, 실리콘밸리에 인큐베이팅센터인 체인지업그라운드를 구축한다. 분야별로는 소·부·장, IT, 바이오에 특화된 창업 인프라를 구축한다. 또한 소프트웨어 인프라로 창업보육, 투자 연계, 판로 지원, 네트워크를 프로그램화해 지원한다. 이 벤처밸리 조직은 다른 기업이 보유하고 있지 않은 포스코 그룹만의 독특한 조직이다.

    벤처펀드 조직은 벤처펀드를 운영해 유망 기업에 투자하고 신성장 사업 후보를 발굴해 자회사의 기반을 구축한다. 100억 원 가치 미만의 초기 벤처기업을 지원하기 위한 씨앗펀드는 대학기술지주회사 중심의 액셀러레이터에 출자한다. 100억~1,000억 원 가치의 벤처기업을 지원하기 위한 성장펀드는 국내 상위권 벤처캐피털에 출자한다. 1,000억 원 가치 이상의 벤처기업을 지원하기 위한 전략펀드는 국내 사모펀드에 출자한다. 해외 진출을 위한 투자도 진행하고 있다. 국내 펀드와 비슷한 구조로 해외 펀드도 조성한다. 해외 액셀러레이터는 대학기술지주회사 대신 한국계 액셀러레이터와 협력을 추구한다. 포스코그룹 내 액셀러레이터, 벤처캐피털인 포스텍기술지주회사, 포스코기술투자와 긴밀하게 협력한다.

2
포스텍과 포항산업과학연구원의 역할

　포스코그룹은 기능공을 배출하는 포항제철공업고등학교와 학사, 석사, 박사를 배출하는 포스텍을 보유하고 있기 때문에 인력양성부터 사업 전략 수립까지 가능하다. 또한 포스텍, 방사광가속기연구소, 포항산업과학연구원 등의 연구 기능을 보유하고 있어서 연구와 지식 재산권 확부에 관한 전략도 대학에서부터 시작할 수 있다. 이러한 연구결과를 사업화하기 위한 전략도 필요하다. 창업 이전 과정인 대학과 연구소 기반의 교육, 연구, 사업화에 관한 혁신 전략과 정책을 기반으로 벤처생태계를 구축했다. 또 다양한 관계기관을 합리적으로 조율할 수 있는 산학연협의체를 구성해 진행하고 있다.

벤처생태계와 글로벌 경쟁력을 위한 교육 혁신

인재는 젊으면 젊을수록 더 먼 미래를 기대할 수 있다. 젊은 인재가 모여 있는 포스텍을 최고 수준으로 유지하는 것이야말로 포스코그룹의 미래를 위한 것이지 않을까. 대학의 수준과 순위는 학부생의 수준, 국제화, 평판 등이 중요하다. 포스텍 입장에서는 학부를 위한 고등학생, 대학원을 위한 대학생에 대한 리쿠르트 프로그램이 필요하다. 특히 해외에서의 리쿠르트를 통한 국제화는 대부분 대학이 어려움을 겪고 있다. 그러나 최고 수준의 인재를 얻기 위해서는 반드시 해야 할 일이다.

교육혁신을 위해서는 포스텍과 포스코 간의 상호 협력도 중요하다. 포스텍은 학교의 발전을 위해 포스코그룹과 협력이 가능한 프로그램을 기획하고 거꾸로 포스코는 포스텍을 활용한 교육 프로그램을 기획하고 실행하면서 서로의 장점을 결합한 시너지 효과를 기대한다. 특히 포스코그룹의 글로벌 네트워크를 활용하면 포스텍의 가장 어려운 숙제인 국제화가 가능할 전망이다. 교육은 시간이 많이 들지만 수혜 당사자의 충성도가 높아서 적은 비용으로 큰 효과를 얻고 좋은 기업 이미지를 만들 수 있다.

포스코와 포스텍 교육 협력 프로그램은 포스코의 미래를 위한 장기 프로젝트다. 최근 들어 산학 장학생, 계약학과 등 우수 이공계 인력 확보에 대한 경쟁이 갈수록 치열해지고 있다. 또한 포스텍 입장에서는 벤처생태계 활성화를 위한 경영대학원 설립의 필요성이 제기되고 있다. 경영대학원은 포스코 경영연구원과 긴밀히 협력해 시너지를 낼 수 있는 구조다. 이러한 필요성에 따라 구체적으로 다음과 같은 교육 프로젝트를 구축해 교육의 경쟁력을 높일 수 있다.

첫째, 포스코 인력 교육 프로그램의 강화이다. 현재 포스코는 포스텍의 철강대학원에 신입생을 포스코 산학 장학생으로 선발해 채용하는 프로그램과 포스코 직원을 파견해 석·박사학위를 제공하는 프로그램을 진행하고 있다. 또한 포스텍 인공지능대학원에서 포스코 전사 인공지능 교육 프로그램을 진행했다. 이 프로그램이 이차전지로 확장돼 진행되고 있다. 포스텍의 존재는 포스코가 전 세계 철강기업 중 가장 우수한 연구 인력을 확보할 수 있는 힘이 됐다. 포스코는 포스텍을 비롯해 인재창조원, 포항제철고등학교 등 보유하고 있는 다양한 교육기관 각각의 역할을 전략적으로 정립할 필요가 있다. 예컨대 포항제철고등학교는 기능공 배출, 인재창조원은 단기 과정의 전문 교육 프로그램 운영, 포스텍은 석·박사학위과정 운영으로 역할을 분담할 수 있다.

둘째, 계약학과 이슈이다. 우리나라는 반도체와 이차전지 등의 인력 부족을 해소하기 위해 여러 대학이 각각의 기업들과 계약학과를 만들고 있다. 포스텍도 삼성전자와 반도체계약학과를 운영 중이고 철강대학원도 일종의 계약학과 형태로 운영하고 있다. 계약학과는 시작과 일몰의 비용이 들고 시간이 지날수록 학생의 질이 떨어진다는 문제점이 있다. 계약학과를 운영하는 기업을 갈 수 있는 능력이 있는 학생은 자유도를 높여 타 학과로 가고 그 기업을 가기가 빠듯한 학생이 계약학과에 진학한다. 이는 학생의 계층화와 예산적인 측면에서 대학에도 궁극적으로 부담으로 작용할 수 있다.

계약학과보다 기업이 우수한 인력을 리크루트하는 방안은 기존의 산학 프로그램을 강화하는 것이다. 기업들이 계약학과로 인력을 입도선매하는 것보다 최우수 인력채용을 위해 대학 내에서 상호 경쟁하는 구도가 훨씬 효율적이다. 하나는 장학금 및 산학과제로 기존의 일반 학과의 교육 및 연구 프로그램 지원을 강화하는 것이다. 다른 하나는 기업에서 인력을 대학원으로 보내거나 일반 대학원생을 산학장학금 제도로 채용하는 것이다. 이보다 더 혁신적인 방안은 대학과 기업이 교수를 공유하는 것이다. 대학과 기업이 교수의 인건비를 동시에 제공하여 대학의 교육과 연구 역량을 기업과 연계하는 것이다. 포스텍에서는 산학일체교수라는 제도로 이를 실행 중이고 기업의 연구원이 대학의 교수로 임용되기도 한다.

셋째, 경영대학원 설립이다. 벤처생태계를 구축하는 대학은 대부분 경영대학원MBA을 가지고 있다. 이공계는 최고기술책임자 인력을 주로 배출하기 때문에 CEO 배출을 위한 교육이 필요하다. 포스텍에 경영대학원을 설립한다면 포스코 경영연구원과 함께 일반 경영, 포스코 경영, 벤처 경영 중심으로 협력할 수 있다. 또한 포스텍의 탁월한 인공지능 기반의 경제·경영 분야를 포함할 수 있다. 벤처의 미국 진출이 중요하기 때문에 스탠퍼드대학교 등 미국의 우수 대학과 협력 프로그램을 운영할 수도 있다. 경영연구원과 포스텍 사이에 상호 겸직 연구원과 교수를 두어 인력을 교류하는 것으로 우수 인력을 리쿠르트할 수도 있다.

포스코 입장에서는 경영연구원과 포스텍 경영대학원이라는 기업과 대학의 이중 스피커를 활용할 수 있게 된다. 포스텍 경영대학원을 포스코그룹 설립자인 박태준 회장을 기념하는 경영대학원으로 설립해 포스코의 경영 역사를 잇는 것도 고려할 만하다. 이렇게 경영대학원을 설립하면 경영대학원 중심의 학부생과 대학원생을 대상으로 창업 교육을 활성화할 수 있다. 또한 포스코의 해외법인 인력의 경영 교육도 가능하다. 현재 포스텍 산업경영공학과에서 포스코 해외법인 중간 관리자를 대상으로 1년 과정의 철강 경영 온라인 석사과정을 영어로 진행하고 있다.

다음으로 해외 네트워크를 이용한 교육 혁신 프로그램도 가능하다. 포스코그룹의 해외 네트워크를 통해 해외에서 학생을 리쿠르트하고 포스텍 학생들에게 해외 경험을 제공할 수 있다. 또한 포스텍의 글로벌 평판도 조사에 도움을 줄 수 있다. 이와 관련해 다양한 프로그램을 진행하고 있다. 여기서는 세 가지 프로그램을 구체적으로 살펴보겠다.

첫째, 글로벌 영 리더 프로그램GYP, Global Young Leader Program이다. 이 프로그램은 포스코 해외법인에서 해당 국가의 최고 대학에서 학부 2학년 학생을 선발해 1년간 포스텍에서 공부할 수 있는 교환학생 프로그램이다. 우수 학생 선발은 비용이 많이 들기 때문에 그

나라의 대학입시제도를 활용해 최고 대학의 학생 중에서 선발하는 것이 실패를 줄이고 적은 비용으로 우수한 학생을 선발할 수 있다. 이는 국제화가 가장 어려운 대학의 국제화가 가능한 방식이다. 더 나아가 교환학생이 아니라 본국의 대학에서 2년과 포스텍에서 2년을 정규 대학생으로 다니면서 양 대학의 공동 학위를 취득할 수도 있다. 한국어 교육, 원하는 교수 실험실의 연구 참여, 방학 때 포스코그룹 방문 및 인턴 활동, 산업 시찰, 문화 체험, 스포츠 체험 등을 통해 대한민국을 제2의 조국으로 느끼게 하고 포스코그룹의 가족으로 또 포스텍 동문으로 정체성을 부여하면 우리나라와 포스코그룹의 글로벌 비즈니스에 큰 역할을 할 것으로 예상한다.

1인당 학비 및 생활비 장학금으로 연간 100명을 초청한다면 수십억 원 정도의 예산이 필요하다. 이 프로그램은 2022년 베트남, 인도네시아, 태국 3개국에서 7명의 학생을 선발하며 시작됐다. 2023년에는 아르헨티나, 우크라이나, 인도 등으로 확대해 15명을 선발했다. 교환학생 이후 졸업생을 관리하고 청암재단에 추천해 박사 유학으로 연계가 가능하고 포스코 취업 연계로 박사학위 진학률을 높일 수 있다. 이들은 또한 창업을 위한 좋은 인력 풀이 될 것이다. 이들이 포스코의 글로벌 벤처생태계에 합류한다면 포스코그룹의 해외법인은 신사업을 추진할 수도 있다. 또한 이들은 자국에서 지도자적인 리더가 될 확률이 높아 포스코, 포스텍, 대한민국을 위해 다양한 연계 활동이 가능할 것이다.

둘째, 미네르바 프로그램이다. 캠퍼스 없이 전 세계를 돌아다니며 문제해결 중심의 교육과정을 운영하는 미네르바 대학이 성공하면서 세간에 화제가 됐다. 포스코그룹은 해외 사무실을 활용해 포스텍의 상위권 학생에게 북미, 유럽, 남미, 중국, 동남아 등에서 4학기 정도를 미네르바 프로그램을 제공할 수 있다. 포스텍 학생이 포스코그룹의 글로벌 비즈니스 현장을 직접 볼 뿐만 아니라 인적 네트워크를 맺고 현지 산학연을 방문하거나 현지 과학기술로 문제를 해결하는 경험을 해볼 수 있다. 이런 인력은 미래 벤처기업 CEO 후보가 될 가능성이 크다. 또한 포스코에 대한 이해도가 높아져 포스코그룹의 미래 인력으로 성장할 것으로도 예상한다. 이 프로그램은 아쉽게도 아직 실행되지 않았다.

셋째, 대학 랭킹 지원 프로그램이다. 포스코그룹의 해외 사무실, 해외 협력 기업, 해외 협력 대학을 통해 포스텍의 글로벌 인지도를 높인다면 영국의 대학 평가기관QS, Quacquarelli Symonds과 영국 고등교육 전문 주간지가 매년 발표하는 타임고등교육 평가THE, Times Higher Education 등 대학 평가기관의 대학 랭킹 시스템에 도움을 줄 수 있다. 2021년부터 시행되어 랭킹에 도움이 되고 있다.

국내 교육 혁신 프로그램도 주목할 필요가 있다. 포스코는 포스텍의 국내 고등학생 리크루트 프로그램, 미래 과학자와 창업자를 위한 중고 등학생 대상 과학 캠프와 창업 캠프, 유학생과 이민자를 위한 창업 교육 등을 지원할 수 있다.

먼저 고등학생 리쿠르트 프로그램을 살펴보자. 국내 대학 순위를 매기는 데 학부생의 실력이 가장 중요하다. 따라서 포스코그룹의 미래를 위해 포스텍의 고등학생 리크루트 프로그램을 지원할 수 있다. 예를 들어 영재고와 과학고를 포함한 주요 고등학교를 대상으로 홍보 영상을 제작할 수 있다. '기초 연구-실용화-창업-해외 진출'이라는 내용으로 영상을 제작하고 미네르바 프로그램과 함께 소개하면서 포스코그룹은 세계적인 연구만을 추구하는 것이 아니라 창업으로 해외 진출까지 지원한다는 내용으로 홍보할 수 있다. 또한 포스텍 지곡캠퍼스 방문 프로그램을 연계해 포스코 벤처생태계 투어와 성공적인 동문 벤처기업을 소개하고 영재고와 과학고 수석 졸업자와 같은 최고 학생을 위한 미네르바 프로그램 및 벤처창업 지원을 제시할 수 있다.

둘째, 중고등학생 과학 캠프와 창업 캠프다. 엘리트 교육은 차세대를 위한 대중 교육에 대한 의무가 있다. 포스텍은 현재 우수 고등학생을 리크루트하기 위한 과학 캠프를 진행하고 있다. 이를 확대해 포스코 산하 중고등학교, 포스코 및 포스텍 직원, 포스텍 동문, 포항 및 광양 지역 고등학교 등으로 과학 캠프를 진행할 수 있다. 특히 가속기를 활용한 고유의 프로그램을 운영할 수 있다. 더나아가 포항시와 함께 교육 테마파크를 만들 수도 있다. 가속기, 로봇, 신소재, 생명, 경주 문화재, 울릉도-독도 해저 탐험 등을 테마로 한 교육 테마파크를 통해 경주와 울릉도 관광을 활성화하는 효과까지 기대할 수 있다. 창업 캠프도 과학 캠프와 비슷한 프로그램을 진행할 수 있다. 미국의 창업생태계는 카우프만 재단 등에 의한 초중고 때 받은 창업 교육에 기반하고 있다고 한다. 이를 위해 전문 에듀 테크 기업을 활용할 수 있다.

셋째, 이민자와 유학생 창업 교육이다. 조선족 유학생과 탈북자 등은 서울대학교, 카이스트, 포스텍 등 명문대에서 학위를 받고도 삼성, 현대, 포스코 등에 취업하기가 어렵다. 산업스파이가 될 가능성 때문이다. 탈북자, 다문화가정, 유학생, 이민자 출신의 고급 인력이 취업난으로 인해 사회 불만 세력이 되지 않고 건강하게 대한민국에 이바지할 수 있도록 하는 방법 중 하나는 창업 교육이다. 이는 또한 통일을 대비한 교육이기도 하다. 웹 개발자 과정과 같은 개인사업자 교육과 기술 벤처기업 교육은 포스코와 포스텍이 고려해볼 만한 분야다. 미국의 벤처 CEO들은 이민자 출신이 많다. 그들은 헝그리 정신과 아메리칸드림으로 자신에게 제공된 기회를 성공으로 전환했다. 또 미국에서 태어난 미국인이 투자해 부를 창출하면서 이민자 CEO와 미국인 투자의 시너지로 미국 경제에 큰 공헌을 하고 있다. 그러나 유럽의 이민자는 이러한 기회를 얻기가 힘들다. 우리나라는 미국의 모델을 적극적으로 참조할 필요가 있다. 저출생에 따른 인구절벽의 위기 때 이민자, 유학생, 탈북자, 다문화가정 출신을 위한 창업 교육을 내실 있게 고민해야 하지 않을까.

아쉽게도 이렇게 제안된 정책 중에 많은 부분이 아직 실행되지 못 하고 있다. 인력의 수준 저하와 숫자의 감소는 포스코와 포스텍 그리고 포항시 모두에게 점점 심각한 위기로 다가오고 있다. 가장 장기적인 측면에서 교육에 대한 투자는 포스코, 포스텍, 포항시에 가장 큰 보상이 될 것이다. 이러한 정책이 꼭 실행돼 학교, 기업, 지자체 모두의 성과로 이어져야 한다. 그리고 포스텍을 넘어 다른 대학에서도 필요한 정책으로 확산된다면 일자리 문제뿐만 아니라 지방 소멸과 인구절벽의 문제해결에 기여할 수 있을 것이다. 지방 거점 국공립대학의 경우에는 포스코의 해외 네트워크를 외교부 등 국가의 글로벌 외교 시스템으로 대체하여 진행할 수 있을 것이다.

포스코형 산학연 생태계와 연구 혁신

포스코그룹의 연구개발은 포스코 중심의 전략 분야 연구와 포스텍 중심의 유망 분야 연구로 구분할 수 있다. 포스텍 중심의 유망 분야 연구는 포항산업과학연구원을 통한 실용화 연구로 사업화에 한 걸음 더 다가가는 기회를 얻는다.

포스코그룹의 중심인 철강 사업은 거대 장치를 설치하고 운영하는 성격이 짙다. 그런데 포스코그룹의 새로운 사업인 이차전지는 새로운 기술이 지속적으로 개발되는 연구개발 중심의 사업이다. 이제 포스코그룹은 시설 운영 관리 기업에서 연구개발 기업으로 전환을 진행하고 있다. 이런 시기에 포스코그룹의 지주회사인 포스코홀딩스가 2022년 미래기술연구원을 출범시킨 것은 시기적 절했다. 하지만 우리나라 대기업의 연구 예산과 인력을 보면 포스코그룹은 연구개발에 취약성을 드러낸다. 앞서 언급한 것과 같이 연구개발 예산과 포스텍 박사 채용에서 삼성, LG, 현대, SK에 비해 크게 뒤처진다.

　포스코그룹은 국내 최고 수준의 연구 중심 대학인 포스텍을 보유하고 있다. 미래 사업을 위해서는 연구개발이 필수다. 연구개발의 핵심은 박사 인력이다. 포스텍은 300명 가까운 교수진이 매년 3,000억 원 정도의 연구비를 사용하고 매년 300명 정도의 박사를 배출한다. 포스텍이 배출하는 박사의 취업 선호도는 교수, 정부연구소, 삼성전자 순이다. 포스코그룹은 삼성전자 박사 연구원보다 더 뛰어난 포스텍 교수들이 있다. 또한 포스텍은 지난 1986년 개교 이래 1,600명 가까운 국내외 교수를 배출했다. 그런데 이러한 고급 인력을 사업에 전략적으로 활용하지 못하고 있다.

　포스코그룹은 미래를 위해 포스텍의 연구개발 역량을 어떻게 활용할 수 있을까? 미래기술연구원 중심의 포스코그룹 자체 연구, 포스코가 조성한 세계 최고 수준의 포스텍-방사광가속기연구소와 포항산업과학원-포스코로 이어지는 산학연 협력, 포스코 벤처생태계를 활용한 오픈 이노베이션의 세 가지 요소를 잘 활용하면 포스코그룹 연구개발의 미래는 삼성그룹을 뛰어넘어 세계 최고 수준으로 구축할 수 있다. 토머스 쿤의 저서 『과학혁명의 구조』에서 알 수 있듯이 과학혁명은 사회적 활동보다는 개인적 활동의 성격이 강하기 때문에 최우수 인력 기반의 초격차 전략이 필수다.

　영리기관인 포스코그룹과 비영리기관인 대학과 연구소와의 협력은 매우 어려운 일이다. 하지만 성공한다면 포스코의 독특한 경쟁력이 될 것이다. 이는 같은 가족인 포스텍, 가속기연구소, 포항산업과학연구원을 넘어 서울대학교와 카이스트 등 타 대학과 정부연구소와 협력하는 것으로 확대될 수 있다. 국내를 넘어 해외로도 협력을 넓힐 수 있다. 이는 포스코그룹이 자체 보유한 연구원과 외부의 우수 연구 인력을 함께 활용할 수 있다는 것을 뜻한다. 이것을 포스코형 산학연 협력 모델로 부를 수 있다.

먼저 포스코가 포스텍을 활용하는 방안에 대해 알아보자. 첫째, 포스코그룹이 연구개발에서 포스텍 교수들을 활용한다면 플러스 10년까지 기술 및 특허를 확보할 수 있다. 예를 들어 포스코의 지원으로 이차전지 분야에 포스텍 교수 5명을 추가로 임용한다면 5년 후에는 50~100명의 박사과정 대학원생을 보유한 연구 인력 보급 시스템을 구축할 수 있다. 연구 예산은 국가 연구비 80%, 포스코그룹 20% 구조가 가능하다. 실제 포스코그룹은 포항제철공업 고등학교를 통한 기능공과 포스텍을 통한 연구개발 인력부터 사업을 준비할 수 있는 체계까지 갖추고 있다.

둘째, 포스코가 우수한 연구인력을 채용하기 위한 포스텍 활용 방안이다. 포스코그룹에 채용된 연구원을 포스텍의 학과와 매칭해서 관련 실험실의 겸직교수로 발령해 강의, 연구, 사업화 등으로 산학 협력을 할 수 있다. 포스코그룹이 필요한 과제를 제공하면 포스텍 교수는 기초연구를 지도해 최고 수준의 논문을 쓰고 포스코그룹 연구원인 겸직교수는 실용화 연구를 지도해 특허와 현장 적용을 할 수 있다. 더 나아가 포스코 사내벤처 제도를 통해 창업을 할 수도 있다. 이러한 프로그램을 통해 포스코 연구원은 연구뿐만 아니라 강의와 창업을 모두 할 수 있는 기회를 얻게 된다. 다른 기업에 비해 최고 인력을 채용할 수 있는 인센티브인 셈이다. 또한 지방 소멸 위기에 처한 포항에 고급 연구 인력을 유치할 수 있는 방식이다.

나아가서 연구원-교수-벤처의 하이브리드 인력을 채용할 수도 있다. 포스코와 포스텍으로부터 동시에 받는 임금, 과제를 통한 인센티브, 기술이전을 통한 포상과 함께 창업으로 비상장주식을 통한 경제적인 인센티브를 얻을 수 있다. 이러한 산학협력은 영리기관인 기업과 비영리기관인 대학을 모두 이해하는 인력을 배출해 영리-비영리 인터페이스가 가능하여 혁신 성과 창출이 가능한 고도의 산학협력 정책 수립이 예상된다.

셋째, 해외 산학협력에서도 포스텍 활용이 가능하다. 해외 산학협력은 비용이 많이 든다. 포스코가 직접 해외 산학협력을 진행하는 것보다 포스텍 교수를 통해 대학 대 대학으로 공동연구를 하면 적은 비용으로도 협력할 수 있다. 대학을 잘 아는 교수를 통한 공동연구가 보다 효율적일 수 있다. 이를 통해 포스코그룹에 취직 예정인 박사 과정 대학원생에게 해외 대학 박사후연구원postdoc 기회를 제공할 수도 있다. 그리고 포스코그룹의 우수 연구원을 포스텍 겸직교수로 해외연수 기회를 제공할 수도 있다. 해외 협력 연구를 통해 포스텍의 연구 성과도 향상할 것으로 예상한다. 이는 또한 포스코의 해외 박사 인력과 포스텍 교수 리크루트에도 도움이 될 것이다.

넷째, 최종적인 계획으로 포스코그룹이 융합연구센터를 건립해서 포스코 연구원이 50%, 포스텍이 30%, 관련 벤처기업이 20% 활용하면 같은 공간에서 포스코 연구원, 포스텍 교수, 대학원생, 벤처기업 연구원의 공동연구가 가능하다. 이 공간에 포스코가 대학이나 벤처기업이 확보하기 어려운 파일럿 플랜트 수준의 연구 장비, 컴퓨팅 파워, 포스코의 스마트팩토리 빅데이터를 제공한다면 새로운 차원의 연구 협력이 이루어질 것이다. 이와 함께 포항에 1,000세대 이상의 주거단지를 조성해 포스코 임원과 박사연구원, 포스텍 교수와 박사연구원, 벤처기업 CEO와 최고기술책임자, 연구원의 정주 여건을 마련하는 것도 좋은 방안이다. 아무래도 같은 공간에서 거주하면 융합 연구 등 새로운 다이내믹스가 일어날 가능성이 크지 않을까.

MIT의 연구를 100이라고 하면 포스텍은 80 정도로 평가된다. 포스텍은 세계 최고 수준의 학술 잡지인 『네이처』『사이언스』 등에 2017년부터 5년간 43편을 게재하고 있다. 20점의 차이는 국가 브랜드, 대학 브랜드 등으로 좁히기는 거의 불가능하다. MIT 연구의 주력인 박사후연구원 측면에서도 포스텍에서 배출한 박사는 MIT에서 박사후연구원을 하고 싶어 하지만 MIT 출신 박사들은 포스텍에 박사후연구원으로 오지 않는다. 하지만 포스코가 제공하는 연구 장비, 컴퓨팅 파워, 빅데이터를 활용하면 MIT가 할 수 없는 다른 차원의 수월성 연구가 가능하고 국제공동연구에도 도움이 될 것이다.

포스코그룹이 산업가스와 리튬 등 전략 분야에서 신사업을 시작할 때마다 포스텍의 인력 및 연구 연계나 신사업의 가치 상승을 위해 포스텍 법인에 5% 내외의 지분 참여 기회를 제공하는 것도 포스코와 포스텍의 산학연 연계에 큰 역할을 할 수 있다. 이를 통해 포스텍은 안정적인 재원을 마련할 수 있다.

다섯째, 포스코 전략 분야의 정책을 만들고 실행하기 위해 포스코 최고기술책임자, 포스텍 총장, 포항산업과학연구원장 등으로 산학연 협의체를 구성하여 CEO로의 보고 체계를 마련하고 의사 결정할 수 있는 기본적인 시스템을 구축했다. 더 나아가 포스코 철강연구소, 이차전지연구소, 에너지연구소, 포스텍 철강에너지소재대학원, 포스코 인공지능연구소, 포스텍 인공지능대학원 등을 연계해 각 전략 분야마다 6개월에 한 번씩 관련 교수들의 연구 동향을 업데이트해 연구소장에게 공유하고 포스코와 포스텍의 전략을 융합하는 시스템을 구축할 수 있다. 포스텍 연구실이 배출한 석·박사 인력은 국내외 대학, 연구소, 기업연구소에 진출해 있기 때문에 동문을 활용하면 전 세계를 포괄하는 연구 동향 정보 데이터를 구축할 수 있다.

포스텍은 광학 소재, 바이오 소재 등 포스코그룹의 사업 영역을 넘는 많은 유망 분야를 연구하고 세계적인 연구결과를 내고 있다. 또한 포스코그룹의 전략 분야는 아니지만 블록체인, 협동로봇 등 어느 분야에도 활용될 수 있는 기반 기술들도 연구하고 있다. 혁신 기술은 특정 분야에서 탄생한다. 하지만 그 기술이 다른 분야로 확산되면서 일반화된다. 혁신 기술의 파괴력이 뛰어나기 때문에 최고전략책임자 조직에서 정하는 사업 전략 분야 이외에 최고기술책임자가 따로 기술 전략 분야를 정하는 것이 세계적인 추세다. 포스텍은 이들 유망 분야 연구를 포스코그룹으로 연결하는 체계적인 시스템을 구축하고 있다. 그리고 포스코와 포스텍 사이에 정기적인 미팅을 통해 전략 분야와 유망 분야 전체에 대한 특허 전략을 구축하는 것이 필요하다.

다음으로 포스텍의 유망 분야를 포스코가 지원하는 방안이다. 포스코그룹은 포스텍의 유망 분야 기초연구가 실용화되거나 상용화돼 포스코그룹의 미래 신사업으로 육성될 수 있도록 프로그램을 개발했다. 이 프로그램들은 '초기 부임 교수-상위 20% 교수-세계 1위 후보 교수'에 대해 '초기 자금-혁신과제-산학연융합연구소'로 체계적으로 지원하도록 짜였다. 이 프로그램들을 활용하면 포스코그룹 신사업으로 연결되는 전략을 수립할 수 있을 것이다.

첫째, 신임 교수 지원 프로그램이다. 포스텍은 현재 300명 정도의 교수가 근무하고 있다. 포스텍 교수는 부임 후 20~30년 정도 근무하기 때문에 매년 10~15명 정도의 신임 교수를 채용한다. 향후 20~30년을 교수로 근무하며 새로운 연구 분야를 개척할 신임 교수에게 1억 원 정도의 정착 연구비를 제공하는 것을 제안한다. 부임 초기에 서울대학교와 카이스트보다 연구실을 더 잘 구축할 수 있도록 포스텍에서 제공하는 초기 정착비에 포스코가 정착 연구비를 추가 지원하는 것이다. 1억 원을 지원하는 2년 정도 기간에 신임 교수를 포스코에 초청해 포스코 역사와 정신을 공유하는 기회도 갖고 20~30년간 포스코와 좋은 관계를 맺도록 하는 것은 매우 중요하다. 이는 포스코와 협력할 수 있는 토양을 만들어서 향후 씨앗을 심고 열매를 맺을 수 있을 것이다. 삼성전자는 산학협력센터를 통해 반도체 분야 신임 교수에게 5년간 3억 원 정도를 지원하고 있다. 교수가 처음 부임해 실험실을 구축하는 기간이 가장 어려운 시기이다. 이때 지원을 받는다면 큰 도움이 되고 교수와 기업이 좋은 관계를 맺을 수 있다.

둘째, 우수 연구 분야 지원이다. 미래 유망 분야 센싱을 위해 포스텍에서 상위 20% 이상의 연구 성과에 대해 실용화 혁신과제를 통해 상용화 핵심 특허를 공동 개발해 확보한다. 포스텍 교수들 중 국가에서 제공하는 가장 큰 과제를 수주한 교수는 연구 시장에서 능력을 이미 인정받은 것이다. 서울대학교와 카이스트 등의 교수들과 치열하게 경쟁해 성공을 체험한 교수다. 개인 연구로는 창의과제, 집단 연구로는 엔지니어링 연구 센터ERC, Engineering Research Center와 과학 연구 센터SRC, Science Research Center 등 이 대표적인 최고 과제다. 이를 수주하기 위해서는 작은 연구과제부터 시작해 10년 이상의 우수한 연구 경력을 가져야 하고 비슷한 수준의 연구자들과 경쟁에서 이겨야 한다. 이런 과제는 30억에서 100억 원 정도의 과제비를 5~10년에 걸쳐 받으며 연구를 수행하게 된다.

이런 과제를 수주하는 교수들은 포스텍 내에서도 상위 20% 내의 우수한 연구 능력을 인정받고 있다. 연구 종료 후 지원하는 실용화 혁신과제와 함께 진행 중인 대형 과제를 포스코가 심사해 미래 사업화 분야로 선정하고 20% 정도 연구비를 제공해 공동연구 또는 공동특허를 확보하는 방안도 있다. 포스코 입장에서는 10억 에서 30억 원의 재원을 투입해 30억에서 150억 원의 연구결과를 확보하는 방안이다. 포스코의 특허 관련 조직과 협력해 심사부터 특허 출원까지 함께 진행할 수 있다. 이 특허들은 이후 '기술평가-기술이전-창업'으로 연결되는 미래 신사업을 위한 씨앗이 될 것이다.

셋째, 최고 연구 분야 지원이다. 연구 영역에서 궁극적인 목표는 세계 1위다. 분야와 관계없이 세계 1위의 효과는 아무리 강조해도 모자람이 없다. 토론토대학교에 전 세계 유수 기업이 인공지능연구소를 만들고 있다. 이는 토론토대학교에 딥러닝 창시자이자 신경망의 아버지로 불리는 인공지능의 세계적인 권위자인 제프리 힌튼 교수가 있기 때문이다.

최고 연구 분야 지원은 상위 20% 교수들 중에 자신의 분야에서 세계 1위가 가능한 교수에게 10년간 포항산업과학연구원에서 융합연구소를 만들어 기회를 주는 것이다. 대학이 세계 1위를 만들어내는 방식은 두 가지가 있다. 첫 번째 방식은 미국을 중심으로 새롭게 박사를 취득한 인력을 박사후연구원으로 채용하는 것이다. 연구 경험이 없는 박사과정 학생을 매년 20%씩 성장시켜 박사학위를 주는 시스템으로는 세계적인 연구를 하기가 어렵다. 그래서 최고의 연구 효율을 보이는 박사후연구원 중심의 연구 시스템을 만드는 것이다. 하지만 미국 이외의 대학은 이러한 시스템을 구현하기가 매우 어렵다. 뛰어난 박사후연구원이 미국의 좋은 대학을 선호하기 때문이다. 그래서 두 번째 방식은 대학 내 대학원생 중심의 연구실과 함께 국가연구소 등의 전문 연구원 중심의 연구실을 동시에 제공하는 것이다. 정식 연구원을 박사후연구원 대신 제공하는 것이다. 이러한 사례로는 싱가포르의 바이오 분야, 네덜란드의 농업 분야 등이 있다.

지곡캠퍼스는 초기부터 산학협력을 위해 포스텍과 함께 포항산업과학연구원을 같은 캠퍼스에 함께 설립했다. 이를 활용해 세계 1위를 할 수 있는 교수에게 포항산업과학연구원에 융합연구소를 제공하는 것이다. 10년 이상 정년이 남아 있는 교수에게 3년이나 4년마다 연구 성과를 심사해 최대 10년간 대학과 연구소 융합 시스템으로 연구할 수 있는 장을 제공한다. 2년마다 융합연구소를 하나 설립한다면 5개 분야에서 세계 1위를 만들 수 있다. 당연히 융합연구소에서 나오는 연구결과는 포스코가 특허로 확보할 수 있다. 그리고 포항산업과학연구원 내 융합연구소가 실용화 기술 전문 연구기관으로서 역할을 할 수 있는지 사전에 협의할 필요가 있다.

다음으로 실용화 연구기관인 포항산업과학연구원의 역할을 살펴보자. 포항산업과학연구원은 실용화 전문 연구기관으로 기초 연구에 대한 실용화 프로그램을 진행하고 있다. 이 연구원은 개방형 실험실Open Lab 과제를 통해 포스텍의 기초연구결과를 실용화하는 지원을 한다. 생산 전자동화를 통한 생산성 향상, 손톱 크기 신물질의 웨이퍼 사이즈 대면적화, 비싼 진단 시스템의 가격 효율화 등

교수가 할 수 없는 실용화 과정을 지원해 쉽게 상용화할 수 있도록 하고 있다. 다음은 포항산업과학연구원의 실용화 기술을 접목한 사례다.

첫 번째 사례는 바이오 잉크 소재 개발이다. 인간의 수명이 늘어남에 따라 수명이 다한 장기를 인공장기로 대처하는 기술 개발에 많은 연구비를 투자하고 있다. 향후 부모님 명절 선물로 인공 귀, 인공 간 등을 드리는 날이 올 수 있다고 한다. 이 연구 분야를 바이오 프린팅 기술이라 부른다. 이 분야에서 세포를 오랫동안 생존하게 하는 바이오 잉크 소재 기술이 핵심이다.

포스텍 실험실에서 박사과정 학생이 2주 동안 세포 배양을 통해 1,000만 원 상당의 주사기 하나 분량인 0.5그램의 바이오 잉크를 만들었다. 포항산업과학연구원의 개방형 실험실 프로그램을 통해 2년간 10억 원의 연구비를 투입해서 자동화 설비를 개발해 품질을 향상하고 생산성을 50배 정도 높이는 실용화 연구결과를 달성했다. 포항산업과학연구원의 연구원들이 포스텍 박사과정 학생들과 논의해 바이오 잉크 제조 과정을 4단계로 정의하고 단계별로 자동화 설비 개발 및 품질 통과 기준을 정립하여 실용화 연구를 성공시켰다고 한다.

이 실용화 연구결과를 바탕으로 포스텍 장진아 교수가 벤처기업 바이오 브릭스를 창업했다. 포항산업과학연구원은 자동화 설비 기술이전으로 2.5%의 초기 지분에 참여했다. 바이오브릭스는 바이오 잉크 소재 및 인공장기 개발 전문 벤처기업으로서 팁스TIPS에 선정돼 기업가치를 높이고 있다. 특히 2024년 대한민국 최고의 벤처기업을 선정하는 '도전! K-스타트업2024' 왕중왕전에서 대상을 수상했다. 포스텍의 원천기술만을 가지고는 창업하는 데 많은 어려움이 있었을 것이다. 품질 향상과 자동화는 기초연구를 하는 교수팀이 할 수 없는 실용화 분야이기 때문이다.

두 번째 사례는 광학 메타 소재 개발이다. 세계적인 광학 메타 소재 전문가인 포스텍 노준석 교수는 구글로부터 실험실 전체를 미국 구글연구소로 옮기고 300만 달러의 연봉을 제공하겠다는 제안을 받았지만 거절했다고 밝혔다. 노 교수가 이런 제안을 받을 수 있었던 것은 스마트폰 이후에 모든 사람이 지니고 다닐 것으로 예상되는 스마트안경의 핵심기술에서 세계 최고 수준의 연구를 진행하고 있기 때문이다.

투명망토로 유명해진 광학 메타 소재는 기존의 광학 부품을 1,000분의 1 이상으로 초소형화할 수 있는 소재로 메타버스 세계에서 가장 중요한 소재로 부각되고 있다. 빛이 파동으로 존재하기 때문에 굴절을 이용한 렌즈는 얇게 만들기 어렵다. 하지만 메타물질은 나노구조를 통해 빛의 반사와 회절을 이용하기 때문에 초소형화가 가능하다. 모든 광학 부품을 초소형화할 수 있는 광학 메타 소재 기술은 향후 디스플레이 산업을 혁신적으로 변화시킬 핵심기술로 평가받는다. 하지만 기존 렌즈에 비해 나노구조체는 생산 기술에 큰 어려움이 있었다.

포스코는 2020년부터 10년간 100억 원 규모의 융합연구소를 노준석 교수에게 지원하기로 했다. 덕분에 노준석 교수는 포항산업과학연구원과 함께 실용화 연구를 진행하고 있다. 2021년부터 지난 4년간 40억 원의 연구비로 포스텍 연구실에서 박사과정 학생들이 만든 손톱 크기의 메타물질을 포항산업과학연구원이 12인치 웨이퍼 사이즈로 수백 개를 동시에 제작하는 대면적화에 세계 최초로 성공 했다. 과학 영역의 메타물질을 상용화가 가능한 엔지니어링 영역으로 이끈 기술로 평가된다. 이 결과는 세계 최고 학술지인 『네이처 머티리얼스Nature Materials』에 발표가 되었다. 이 발표를 통하여 노준석 교수는 노벨위원회로부터 초청을 받아 메타물질의 노벨상 수상 가능성을 높이고 있다. 최근 노벨상도 실용화를 중시하고 있다. 또한 양산장비를 제공한 일본 기업은 이 논문 발표로 향후 5년간 물량을 확보했다고 한다. 현재 TSMC와 같이 메타물질의 파운드리 개념으로 창업을 준비하고 있다. 삼성과 외국 기업 참여가 예상된다. 이러한 대면적화 기술도 원천기술을 개발하는 대학 실험실에서는 불가능한 실용화 기술이다.

　비영리기관의 기초연구에 영리기관의 실용화 지원이 더해진다면 상용화가 수월해지고 성공 확률을 개선할 수 있다. 이런 측면에서 포항산업과학연구원의 역할은 기초 연구결과의 기술 상용화에 결정적이고 세계적으로도 독특하다. 성공적인 사례가 나오면서 포스텍을 넘어 서울대학교, 고려대학교, 울산과학기술원, 한동대학교, 한국과학기술연구원 등 다른 대학과 연구소로 확대되고 있다. 서울대학교와 대전시가 실용화 연구결과를 보고 포항산업과학

연구원의 실용화연구소를 서울대학교 캠퍼스와 대전시에 만들어 달라고 요구가 있었다. 향후 포스텍 출신 교수 및 청암재단 지원을 받은 교수 등으로도 확대할 수 있다.

연구와 사업을 잇는 인터페이스의 사업화 혁신

교육과 연구, 특히 실용화 연구 후에 사업화와 창업에 대해 알아보자. 창업생태계에서는 액셀러레이터의 역할이 가장 중요하다. 포스텍 산하의 액셀러레이터인 포스텍기술지주회사를 중심으로 하는 벤처 창업생태계를 살펴보자. 대학은 비영리기관이기 때문에 연구결과의 기술사업화 등 영리 활동을 위한 조직이 필요하다. 대학의 영리-비영리 인터페이스를 '산학협력단-기술지주회사' 형태로 대학의 영리 활동을 하는 것이 현 교육법상으로 타당하다. 산학협력단은 대학의 연구활동을 관장하는 교육부의 산학협력법에 의거한 조직으로 대학의 교육과 연구 활동을 통해 대학의 브랜드, 특허 등의 지식재산권을 소유하고 있다. 산학협력단이 100% 지분을 갖는 대학기술지주회사를 통해 지식재산권을 활용한 영리 활동을 할 수 있다.

하지만 영리 활동에 이해도가 낮은 대학은 대학기술지주회사 대표 선임과 관련한 잡음이나 경영 간섭 등의 문제가 드러나기도 한다. 이러한 리스크 요인을 관리하고 대학기술지주회사의 지배구조를 안정시키려면 영리 활동에 관련된 포스코와 포스텍 동문 재단이 합쳐서 50%의 이하의 지분을 확보하고 이사진에 합류하는 방안이 있다.

사업화와 관련해 산학협력단과 기술지주회사의 역할에 대한 구조는 다음과 같다. 첫째, 산학협력단 데이터베이스 구축이다. 대학 중심의 산학협력이 어려운 이유 중 하나는 대학에서 하는 연구에 대한 정보가 없다는 것이다. 이러한 문제를 해결하기 위해서는 우선 교수별 데이터베이스 구축을 통한 플랫폼이 필요하다. 데이터베이스 구축은 대학에서 진행되는 수업, 연구, 기사, 특허, 기술이전, 창업 등 활동별로 고등학생이 읽을 수 있는 신문 기사 수준의 1페이지 보고서를 만드는 것이다. 또한 제목, 내용, 키워드, 기술 분류, 사업화 레벨 등의 형식을 표준화해 많은 사람이 활용할 수 있도록 한다. 그리고 실험실별로 대학원생이 보고서를 작성해 올릴 수 있도록 시스템을 구축한다. 이렇게 구축한 데이터베이스는 실험실별로 매년 50페이지 정도의 백서로 기업, 정부, 연구소, 고등학교 등에 보내는 홍보 자료로 활용할 수 있다. 데이터 기반 사회에서 대학도 자신의 가치를 제공할 수 있는 데이터베이스를 구축해야 한다.

둘째, 산학협력단과 기술지주회사 인터페이스다. 영리 활동이 가능한 모든 지식재산권은 적극적으로 사업화해야 한다. 그러기 위해서는 산학협력단의 모든 영리 활동은 기술지주회사가 하는 형태가 돼야 한다. 즉 영리-비영리 인터페이스의 원칙이 필요하다. 산학협력단은 기술지주회사가 대학의 지식재산권을 배타적으로 사용할 수 있도록 계약하고 일정 기간마다 평가해 계약을 연장한다. 현재 대학과 관련된 기술지주회사의 3대 영리 활동은 기술이전, 창업보육센터, 펀드 투자라고 할 수 있다. 20:20:60 정도의 수익 구조가 가능하다.

  셋째, 기술이전이다. 기술이전으로 생기는 이익에 대해서는 발명자 포상, 산학협력단, 기술지주회사가 각각 50%, 25%, 25%로 분배할 수 있다. 이를 위해 기술이전 조직TLO, Technology Licensing Office을 기술지주회사로 옮기고 기술이전의 25%를 기본 운영비로 사용할 수 있다. 이 과정에서 기술이전을 위한 기술평가가 필요한데 과기부와 기술보증기금 등이 개발한 기술평가 시스템을 활용할 수 있다. 그리고 외부의 전문적인 기술 거래 회사를 통해 '기술평가 기술이전'의 전문성을 높일 수 있다. 또한 창업할 경우에는 기존의 초기 기술 이전료와 경상기술료 이외에 창업 기업의 가치에 대한 일정 지분을 확보하는 방식이 필요하다. 대학의 브랜드 사용에 대한 규정과 기술료는 산학협력단과 논의가 필요하다.

  넷째, 창업보육이다. 기술지주회사는 대학의 액셀리레이디로서 인큐베이팅센터를 통한 창업보육 기능이 필요하다. 또한 포스코그룹의 인큐베이팅센터 운영을 포스텍기술지주회사로 일원화해 전문성을 높일 수 있다. 창업보육에는 회계·법률·특허 등 보육 지원, 투자 연계, 국내외 마케팅 지원, 다양한 민관 창업 지원 프로그램과의 네트워크 등 네 가지 기본 기능을 갖춰야 한다. 이를 위해 포스텍과 포스코와 협력하고 중앙정부, 지자체, 타 대학, 타 기업, 타 액셀러레이터, 벤처캐피털, 무역협회 등과 협력체계를 구축해야 한다.

다섯째, 투자다. 투자는 기술지주회사 영리 활동 중 가장 중요한 부분이다. 액셀러레이터 펀드를 구상하고 창업 및 보육 기업에 투자해 안정적인 수익 구조를 가져가야 한다. 펀드의 특성상 수익 구조를 만드는 데 10년 정도가 걸린다. 그 기간에 캐시카우 역할을 할 게 필요하다. 그래서 기술이전과 보육센터가 있어야 한다. 펀드 조성은 포스코의 씨앗펀드 운영사, 교육부 및 중기부의 출자 사업 등을 통해 할 수 있다. 현재 포스텍기술지주회사는 중기부의 민간 투자주도형 기술창업지원 프로그램인 팁스 운용사로 선정됐다.

여섯째, 창업에서 교육과 연구로 선순환이 돼야 한다. 기술지주회사가 활성화되기 위해서는 교수와 학생과 협력하는 것이 매우 중요하다. 좋은 연구결과가 있는 실험실을 방문해 '기술이전-창업보육-투자' 시스템을 설명하고 질의응답을 하면서 활성화하고 전문화할 수 있다. 기술지주회사에 이익이 생기면 이익의 50%는 산학협력단에 기부해 다시 교육과 연구에 재투자하는 것으로 선순환이 돼 학생들에게 기업가정신을 심어줄 수 있다. 20%는 주식배당을 하고 30%는 기술지주회사 직원 인센티브와 재투자에 사용하는 것을 제안한다. 보통 자산운용사는 70%가 배당이고 30%가 인센티브와 재투자인데 대학에서는 50% 기부가 가능하다. 또한 창업한 동문 기업들이 동문기금재단에 기부하는 문화를 만들어 장기적으로 대학의 예산에 크게 이바지할 수 있다. 교수는 본인의 전문 영역인 교육과 연구에 전념하고 후단의 기술이전과 사업화는 기술지주회사를 통해 전문성과 전문 인력을 양성하는 방향으로 진행하는 것이 바람직하다.

일곱째, 포스코와 포스텍의 협력을 위해 인력 교류가 필요하다. 포스코와 포스텍을 동시에 이해하는 인력 풀이 절실하다. 신임 정교수와 보직교수가 포스코그룹의 신임 임원 교육을 같이 받도록 해서 포스코에 대한 이해를 넓히고 총장 후보와 CEO 후보 사이에 교류하는 장을 만들 수 있다. 포스코의 산학협력 및 벤처생태계 조직과 포스텍의 철강에너지소재대학원, 인공지능대학원, 기술지주회사 등과도 인력을 교류가 가능하다.

지금까지 살펴본 것과 같이 '기술이전-창업보육-투자'는 따로 떨어져 있는 것이 아니라 상호 유기적인 관계가 있다. 또한 학생과 연구원에게 '오늘은 연구, 내일은 사업Today Research, Tomorrow Business'이라는 새로운 시대정신을 심어주는 것이 무엇보다도 중요하다. 이 표어를 시각적으로 표현할 때 리서치Research의 색은 포스텍 레드로, 비즈니스Business의 색은 포스코 블루로 했다. 연구와 사업의 선순환을 상징하는 것이다. 향후 이런 모델이 우리나라 대학마다 확대돼 교육과 연구에 대한 교수별 데이터베이스가 구축되면 '기술이전-창업보육-투자'가 더욱 활성화될 수 있다.

3
포스코가 만드는 초격차 벤처생태계

 포스코형 벤처생태계는 실제로 어떻게 구축돼 있을까? 우선 포스코의 1조 원 벤처펀드 사용처를 보면 2,000억 원은 벤처밸리 인프라 구축에 쓰고 8,000억 원은 벤처펀드 조성에 사용하는 것으로 돼 있다. 벤처펀드를 최고의 액셀러레이터, 벤처캐피털, 사모펀드와 협력해 멀티플 2 이상의 성과를 낸다고 하면 이 성과의 20% 정도를 벤처밸리 인프라 유지 비용으로 활용해 예산상 독립할 수 있도록 설계됐다.
 창업 기업을 모으는 창업생태계 구축으로부터 시작해 창업 기업이 입주할 수 있는 인큐베이팅센터 인프라 구축, 벤처기업 투자를 위한 포스코 벤처펀드 시스템, 포스코 신사업 체계는 포항 벤처밸리만의 특성이자 강점이다. 또한 포항의 벤처밸리는 포스텍 연구의 각각 3분의 1씩을 차지하는 소·부··장, IT, 바이오 연구결과의 창업을 지원하기 위해 분야별 맞춤형 인프라를 바탕으로 인큐베이팅 인프라를 구축하고 있다. 이를 통해 세계 최초로 '인큐베이팅 콤플렉스' 개념을 도입했다.

유기적으로 진화하는 딥테크 창업생태계

현재 포스코형 창업생태계는 매우 다양하게 구성돼 있다. 이들을 통해 매년 50개 이상의 창업이 포스코 벤처생태계 내에서 이루어지고 있다. 대부분 기술 기반의 딥테크 벤처기업이다.

우선 포스코그룹 내에 만들어지는 사내벤처가 있다. 그리고 포스텍에서 자체적으로 교직원, 학생, 졸업생이 창업하는 동문 기업들APGC, Association of POSTECH Grown Companies이다. 그다음으로 포스텍 출신 최고기술책임자와 포스코 출신 CEO가 협력해 창업하는 연계 창업이다. 연계 창업은 포스텍 교수 중 창업 아이템은 있지만 CEO가 없는 경우를 발굴해 포스코그룹 대상으로 CEO 후보를 공모해 창업하는 것이다. 교수와 CEO가 매칭되면 포스코의 사내벤처 프로그램을 통해 지원받을 수 있다. 연계 창업은 포스코그룹 연구원의 기술뿐만 아니라 서울대학교와 고려대학교 등으로 확대하자는 요구가 있다. 포스텍 출신 교수, 청암재단 지원을 받은 교수 등으로 확대할 수 있다.

포스코가 포스텍의 연구 성과를 기반으로 기획하는 기획 창업도 있다. 포스코가 포스텍 교수의 기술을 검토한 뒤에 포스코그룹의 전략과 연계해 창업 아이템이 선정되면 그룹 직원을 파견해 창업을 기획한다. 기획 창업으로 선정되면 포스코 사내벤처 프로그램을 통해 지원받을 수 있다.

이 밖에도 포스코 인큐베이팅센터인 체인지업그라운드 포항, 광양, 서울의 입주 기업과 포스코가 출자한 서울대학교, 카이스트, 고려대학교, 한양대학교 등 대학기술지주회사가 투자한 창업 기업이 있다. 포스코가 지원하는 전국 단위 창업 경진대회로 가장 오래된 역사를 자랑하는 아이디어 마켓 플레이스IMP, Idea Market Place에서 선발된 창업 기업과 포스코 벤처생태계에서 성공한 창업자들의 연쇄 창업 기업도 있다.

포스코그룹은 이들과 매년 국제가전제품박람회에 참가하고 있다. 2023년 19개 회사가 참가해 4개의 혁신상과 1개의 최고혁신상을 수상했다. 2024년에는 33개 기업이 참가해 8개의 혁신상과 2개의 최고혁신상을 수상할 정도로 우수성을 인정받고 있다. 2023년 실리콘밸리에서 진행되는 스타트업 월드컵에서도 아이디어 마켓 플레이스 출신 기업이 한국 대표로 출전해 3위를 차지했다. 국내에서 중기부가 주최하는 최고 벤처경진대회인 '도전! K-스타트업 왕중왕전'에서도 대상을 포함해 매년 우수한 성적을 거두고 있다.

앞서 구글의 사내벤처 시스템이 구글 생태계를 형성하는 데 핵심 역량이 되고 글로벌 스탠더드로 발전하고 있다고 언급했다. 이와 비슷하게 포스코 내 5개 사내벤처가 나를 찾아와서 요청한 일이 있다. 이들 5개 회사는 모두 포스코의 부산물, 불량품, 폐기물을 활용하는 기술로 부가가치를 높이는 벤처기업이다. 또한 모두 포스코 내부를 알지 못하면 할 수 없는 벤처기업이다. 이들의 제안은 5개 회사를 묶어 자원재활용 플랫폼 기업을 만들면 포스코와 시너지도 나고 재활용 아이디어가 지속적으로 사업화가 되지 않겠냐는 것이었다. 이처럼 포스코는 내부 자원을 활용한 생태계 구축도 차츰 확대하고 있다.

인큐베이팅센터 체인지업그라운드 구축

창업생태계가 구축되면 이들을 보육할 수 있는 벤처밸리의 하드웨어인 인큐베이팅센터와 지원 소프트웨어 인프라가 필요하다. 한 기업이 잘되는 것을 넘어 여러 벤처기업이 나올 수 있는 핵심 전략을 인프라로 정의하고 기획한 것이다.

먼저 포스코 인큐베이팅센터의 하드웨어 인프라를 살펴보자. 벤처밸리 조직은 생태계의 지속성을 위한 창업 거점인 하드웨어 인큐베이팅센터 구축을 첫 번째 업무로 시작했다. 이를 위해 포스코의 지역거점인 포항, 광양, 국내 벤처의 중심인 서울, 그리고 글로벌 진출을 위한 해외에 각각 인큐베이팅센터가 필요하다. 포스코 벤처생태계의 인큐베이팅센터 이름은 아마존의 성장을 설명하는 벤처 이론인 플레이그라운드 모델을 따라 '체인지업그라운드'로 했다. 'CHANGeUP GROUND'의 'e'를 소문자로 쓴 것은 창업그라운드로도 읽을 수 있는 언어유희다.

체인지업그라운드는 지역별로 있다. 그중에서 체인지업그라운드 서울은 포스코 인큐베이팅센터 중에서 가장 먼저 개관한 곳이다. 통상적으로 포항에서 벤처기업이 창업 후 일정 수준으로 사업이 성장하면 5년 안에 80%가 수도권으로 이전한다. 그래서 수도권 인큐베이팅센터가 필요하다. 창업 후 5년 정도 지나 200억 원 정도의 가치로 성장해 50억 원 내외의 투자를 유치하게 되면 벤처캐피털은 포항의 벤처기업이 수도권으로 이동하길 요청한다. 포항에는 연구 인력은 풍부하지만 최고전략책임자와 최고재무책임자와 같은 역할을 할 인력이 부족하기 때문이다. 본사를 옮기는 경우도 있고 수도권 사무실을 만드는 경우도 있다. 이런 이유로 포스텍 동문 기업들의 수요가 있었다.

벤처기업의 수요를 조사하고 중소벤처기업부 산하 에인절협회와도 상의해 역삼동의 팁스타운S6를 확보하고 2020년 7월에 개관했다. 판교에 있는 포스코DX 건물 활용에 대한 의견도 있었다. 하 지만 실제 사용할 범포스코 벤처기업 설문조사를 통해 강남 지역으로 선정했다. 비용 부담에 대해서는 에인절협회에서 흔쾌히 정부와 민간 공동 모델을 만들자는 합의를 이끌어 비용을 50대 50으로 부담해 주위보다 저렴하게 기획했고 개관과 동시에 100% 입주를 확정했다. 이와 같이 포스코 벤처생태계의 대부분 의사결정은 시장 기반으로 이루어졌다.

체인지업그라운드 포항은 포스텍 캠퍼스 내에 900억 원 정도의 예산으로 2021년 7월 완공했다. 부지는 교육과 연구 공간이 있는 포스텍 캠퍼스 내에서 기숙사와 가까운 곳으로 포스텍과 상의해 결정했다. 박사과정 학생 30%가 창업하는 것이 중요했기 때문이다. 체인지업그라운드 포항의 건축을 위해 해외 인큐베이팅센터 벤치마킹과 여러 차례 수요 조사를 통해 벤처기업 입주 후보의 의견을 최대한 반영했다. 그리고 효율적인 공간보다는 오고 싶은 공간이라는 콘셉트로 청년들에게 다가가는 건물이 될 수 있도록 건축과 인테리어를 진행했다. 완공된 체인지업그라운드 공간은 그 자체가 주는 힘을 느낄 수 있다.

포항에서 바이오는 특성상 벤처기업 안에 액체나 화학물질을 사용한 실험을 수행하는 웻랩Wet Lab의 필요성이 대두됨에 따라 체인지업그라운드 7층 공간과 함께 4세대 가속기를 활용해 바이오 연구결과를 상용화하려고 포스텍 캠퍼스 내에 건축 중이던 바이오 오픈 이노베이션 센터BOIC 내에 50억 원 예산으로 1개 층을 인큐베이팅센터로 임대해서 활용하고 있다. 체인지업그라운드 포항은 웻랩 20개를 포함해 총 120개 정도의 벤처기업이 입주할 수 있다. 입주 조건은 7년 미만의 초기 벤처기업이 최대 5년 입주할 수 있다. 입주 비용은 주변 시세를 반영해 결정했다.

체인지업그라운드 포항은 포항창조경제혁신센터를 겸하고 있어 포항시 공무원이 함께 근무하고 있다. 포스코 벤처생태계는 경상북도와 포항시의 지원을 받고 있다. 입주 기업의 70%가 포스텍 출신이고 기술 기반 기업이 많아 2023년부터 중기부에서 팁스타운으로 지정돼 지원받고 있다. 비수도권에서는 대전에 이어 두 번째로 선정됐다. 포항의 벤처 지원 시스템이 경상북도 전체로 확대되도록 경상북도와 협력하고 있다.

체인지업그라운드 광양은 포스코가 지원하는 광양창조경제혁신센터를 중심으로 작은 규모의 인큐베이팅 업무를 하고 있었다. 현재 광양시는 국토부 도시재생사업으로 좀 더 큰 규모의 인큐베이팅센터를 건립 중에 있다. 포스코가 체인지업그라운드 광양으로 운영할 예정이다. 그런데 광양은 연구시설이 부족하고 벤처기업의 질과 양에서 한계가 있어 전라남도 전체 벤처기업을 지원하는 방향으로 논의하였다. 광양시장이 포항제철소보다 광양제철소가 포스텍에 더 많은 금액을 지원한 것을 기억하고 포스텍이 광양시도 지원해주면 좋겠다는 의견을 냈다. 이는 포항제철소보다 광양제철소가 이윤이 더 많기 때문이다. 그래서 가능하면 모든 포항의 프로그램이 광양에도 지원될 수 있도록 진행하였다.

체인지업그라운드 미국 실리콘밸리에 사무실을 열었고 유럽에도 포스코 유럽법인에 인력을 파견했다. 중국 또는 동남아에도 사무실을 기획하고 있다. 포스코 해외법인, 특히 포스코 인터내셔널과 협력하고 있다. 그리고 한국벤처투자와 산업은행 등의 해외 사무실과도 협력하고 있다.

체인지업그라운드 운영은 독자적인 시스템을 갖추었다. 포항, 광양, 서울, 해외의 포스코 벤처밸리 인큐베이팅센터 입주 기업에 대한 데이터베이스를 통해 인큐베이팅 수요를 지속적으로 예측하는 시스템으로 관리하고 있다. 또한 인큐베이팅센터의 운영은 이미 20년 이상 창업보육센터 운영 경험이 있는 포스텍기술지주회사에서 책임을 맡았다. 현재는 포스코와이드, 한국엔젤투자협회, 포스텍기술지주회사 등 다양한 플레이어들과 협력하는 형태로 진행되고 있다. 포스코는 데이터베이스를 만들고 전체 전략을 기획하는 역할을 하고 있다.

포스코는 포스텍기술지주회사의 인큐베이팅센터 관리를 위한 인건비와 프로그램 비용을 지급하였다. 포스텍기술지주회사는 6개월마다 전체 입주 기업과 면담해 공통적인 부분은 프로그램으로 지원하고 개별적인 부분은 개별적으로 지원하면서 밸류업 프로그램을 구축했다. 이렇게 구성되어 입주기업이 지원받게 될 소프트웨어 지원 인프라는 보육, 투자, 마케팅, 네트워크 4개 부분으로 되었다. 보육은 중기부외 지자체 프로그램과 연계하여 회계, 법률, 특허 등을 지원한다. 투자는 포스코펀드와 연계한다. 마케팅은 포스코의 국내외 마케팅 역량을 활용하여 지원한다. 네트워크는 주로 중앙정부와 지방정부가 지원하는 각종 프로그램의 정보를 공유한다.

이 중에서 포스코와 관련된 투자 및 마케팅 지원은 전 주기-선순환-글로벌 포스코펀드와 투자 연계 및 벤처 기술을 포스코그룹에 활용하는 사업화 검증과 포스코인터내셔널을 중심으로 하는 글로벌 마케팅이다. 벤처펀드는 포스코가 직접 투자하는 것이 아니라 상위권 벤처캐피털에 포스코가 출자하고 포스코 벤처기업과 연계해 투자하는 형태다. 또한 벤처기업 사업화 검증은 포스코의 중소기업 지원 동반성장BS, Benefit Sharing 프로그램 등을 활용해 진행하고 있다.

 포스코 인큐베이팅센터인 체인지업그라운드를 구축할 때 여러 에피소드가 있었다. 이 에피소드를 겪으면서 벤처기업을 비즈니스 측면에서 지원하는 것은 포스코가 하고 세금혜택, 정주 여건 및 문화 지원 등은 포항시와 광양시가 담당하는 것으로 역할을 분담했다. 포스코는 포항 인큐베이팅센터를 초기에는 학령인구 감소로 폐교한 지곡단지 내 포항제철서초등학교 부지에 건축하고자 했다. 그러나 포스텍 측이 포스텍 캠퍼스 내에 건축을 요청했다. 포스텍 총장을 포함한 다수가 포스텍의 창업생태계 활성화를 위해 연구실과 기숙사의 거리가 중요하다는 의견을 냈다. 포스코는 이 의견을 수용하기로 했다. 즉 수요 기반으로 결정해 개관 1년 2개월 만에 100% 입주가 가능했다.

 이렇게 첫걸음을 떼게 됐지만 넘어야 할 산은 아직 있었다. 포스코가 1조 원 펀드를 기반으로 포항과 광양에 벤처생태계를 조성한다는 발표가 있자 포항시와 광양시에서 연락이 왔다. 두 곳 지자체는 포항시와 광양시에 있는 벤처기업에 5,000억 원씩 투자해달라고 요청했다. 이에 "포스코가 면장갑도 빨아가며 원가절감을 하면서 어렵게 번 돈을 함부로 투자할 수 없다. 가능성이 있는 기업은 해외 진출까지 지원하겠지만 자격이 안 되는 기업은 투자할 수 없다."라고 답변했다. 그러자 포항시는 포스코의 환경 이슈를 거론하며 압박 수위를 높였다. 이에 포스코는 "포항시는 포스코가 삼성의 5분의 1 규모인데 삼성보다 더 크게 발전하도록 지원할 생각보다는 뜯어갈 생각이나 하고 아니면 압박하는 게 너무 수준이 낮은 것 아니냐? 이래서 포항에 기업을 하러 오겠냐?"라며 응대했다.

이렇게 거친 설전과 공방이 오가면서 나온 아이디어가 벤처기업 협의회를 통한 소통 채널의 변화였다. 포항시나 포스코나 모두 벤처기업을 지원하려는 마음은 똑같았다. 각자의 입장에서 최선의 결과를 내기 위한 논쟁이었다. 그러나 계속 날선 대립만 할 수는 없는 노릇이었다. 직접적인 대립보다 실질적인 이해관계자인 벤처기업의 목소리에 귀를 기울이기로 하고 만든 게 벤처기업협의회였다. 이 협의회를 통해 벤처기업이 필요한 부분을 지원하자는 생각이었다.

포항과 광양에 벤처기업협의회를 구성하니 각각 200여 개와 30여 개 벤처기업이 회원사로 모집됐다. 회장단을 선출해 시장 및 시의회와 소통 채널을 구성했다. 이 협의회는 의도하지 않았지만 지자체와의 관계 개선에 실질적인 압력을 행사하는 역할을 했다. 포항벤처기업협의회만 해도 수천 표의 유권자를 가진 압력단체이기도 했다. 자연스럽게 포항시의 태도가 확연히 달라졌다. 포스코로서는 포항시와 갈등이 생기는 직접 대화의 기회가 크게 줄어들었다.

또한 포스코 벤처생태계에 있는 기업도 생각을 바꾸기 시작했다. 국내외 최고 벤처캐피털로부터 투자도 받고 포스코와 사업화 검증도 하고 해외 진출도 진행되니 포항벤처기업협의회에서는 '우리도 몸을 만들어서 포스코펀드로 투자를 받자'는 분위기로 변화했다. 묻지마 투자 분위기에서 경쟁을 받아들이는 건강한 문화가 정착되고 있다.

포항 체인지업그라운드를 건축할 때도 우여곡절이 많았다. 포항시는 KTX 포항역이 신축된 후 남겨진 구역사에 체인지업그라운드를 건축해달라고 요청했다. 포스텍의 체인지업그라운드가 아니라 포항시의 체인지업그라운드가 돼야 한다는 이유였다. 실제적인 운영보다는 시민들에게 보이는 전시 행정적 측면이 강한 주장이었다. 포스코의 생각은 달랐다. "구역사에 체인지업그라운드가 건축되면 벤처기업의 입주가 쉽지 않다. 실질적인 운영을 위해서는 포스텍 캠퍼스 내에 건축해야 한다."라는 의견을 피력했다. 포항시는 허가권이 자신에게 있기 때문에 체인지업그라운드 허가를 해주지 않겠다고 해서 갈등이 생겼다. 그러던 중 부시장이 찾아와서 "포스텍 동문 기업이 공장을 짓는다는 소식이 있는데 이 공장을 포항으로 유치하게 도와달라. 그렇게 하면 체인지업그라운드는 포스텍 캠퍼스 내에 건축하도록 시가 허가하겠다."라고 제안했다.

포스코는 해당 동문 기업에 연락해서 상황을 들었다. "위기 지역으로 선정된 군산시와 같은 지원 조건이면 포스텍이 있는 포항으로 오겠다."라는 의견을 받아 포항시에 전달했다. 포항시는 배터리 리사이클링 혁신특구에 군산시와 같은 조건으로 해당 벤처기업을 유치하는 데 성공했을 뿐만 아니라 혁신특구 자체가 100% 분양되는 결과를 거두었다. 또한 포항 체인지업그라운드는 1년 2개월 만에 100% 입주가 완료되어 우리를 깜짝 놀라게 했다.

포항 체인지업그라운드 로비에 있는 커피전문점 테라로사 유치도 어찌 보면 벤처 창업과도 같았다. 처음에는 스타벅스에 입점을 타진했다. 그러나 시장이 적다는 이유로 거절당했다. 새로운 대안을 찾아야 했고 마침 서울 강남 포스코센터에 있던 테라로사 카페가 후보로 떠올랐다. 이후 테라로사 대표를 만나 포항체인지업그라운드에 입점을 요청했다. "테라로사가 초기 강릉에서 시작할 때 어려움을 많이 겪었다고 들었습니다. 이러한 도전 정신과 벤처 정신의 향기가 깃든 커피를 기다리는 포스텍 학생들이 많이 있으니 꼭 입점해주시면 좋겠습니다." 이에 테라로사는 경상북도 첫 지점으로 새로운 물류망을 구축하는 어려움 속에서도 기꺼이 입점했다. 이 과정이 새롭게 도전하는 벤처 창업을 떠올리게 했다. 지금은 포항의 핫플레이스로 체인지업그라운드보다 테라로사가 더 유명하다.

실용화 중심의 인큐베이팅 콤플렉스

포스텍의 연구비를 분석하면 3분의 1은 소재, 부품, 장비 등 제조 분야다. 나머지 각각 3분의 1은 IT와 바이오다. 포스텍의 연구결과가 효율적으로 상용화 과정으로 진행되도록 이 세 분야를 3대 유망 분야로 지정해 인큐베이팅이 가능하도록 인프라를 구축하고 있다. 많은 교수, 벤처기업 CEO와 논의해 니즈 베이스Needs base로 인프라를 구성했다. 이러한 다양한 분야의 필요를 맞춘 인큐베이팅 인프라는 세계적으로 유일하다. 이를 '인큐베이팅 콤플렉스'로 명명했다.

먼저 소·부·장 분야 인프라를 한번 보자. 포항산업과학연구원은 실용화 연구소로 파일럿 플랜트 8개를 소유하고 있다. 포스코가 상업용 플랜트Commercial Plant를 건설하기 전에 100분의 1 크기로 건설한 파일럿 플랜트를 통해 우선 검증한다. 성공하면 스케일업해 10배 늘인 데모 플랜트Demo Plant를 건설한다. 데모 플랜트가 성공하면 상업용 플랜트를 건설하며 본격적인 비즈니스를 진행한다. 포스코는 파일럿 플랜트, 데모 플랜트, 상업용 플랜트 순서로 소재 연구결과를 생산으로 변환하는 프로그램을 보유하고 있다. 이중 파일럿 플랜트는 연구결과의 실용화로 보고 실용화 연구소인 포항산업과학연구원에 그 기능을 부여한 것이다. 포항산업과학연구원은 조업, 안전, 환경, 스마트팩토리 기능을 담당하는 팀을 조직해 8개의 파일럿 플랜트를 구축해서 운영하고 있다.

포항산업과학연구원이 보유한 이차전지 양극재 파일럿 플랜트를 소·부·장 벤처기업이 방문한 적이 있다. 이차전지 양극재 파일럿 플랜트는 라이더 시스템을 통해 디지털 트윈이 구축된 최첨단 공장으로 방문자들이 모두 감탄했다. 방문자들은 자신들도 공장이 필요한데 경험이 없어 포스코가 공장 구축과 운영 노하우를 기반으로 자신들의 첫 번째 공장을 구축하는 데 도움을 주면 좋겠다는 의견을 제시했다. 이를 계기로 제조업 전용 인큐베이팅센터를 기획하게 됐다. 벤처기업 CEO와 최고기술책임자는 석·박사 출신들이 많아 처음부터 스마트팩토리 구축에도 큰 관심을 보였다.

포스코 제조 인큐베이팅센터는 2022년에 구축돼 3개 벤처기업이 입주하고 있다. 중기부와 경상북도는 새로운 개념의 제조 인큐베이팅센터를 지원하기로 하고 향후 10개 기업이 더 입주할 공간을 마련하고 있다. 중기부가 진행하는 스케일업팁스 운용사와도 연계하고 있다. 미국과 이스라엘 등의 벤처캐피털이 포스텍 캠퍼스의 창업생태계를 둘러본 뒤에 자국의 소·부·장 벤처기업을 이곳으로 유치하고 싶다는 의견을 제시했다. 한국이 제조 강국이고 자국에는 제조 인큐베이팅센터 개념이 없다는 이유였다. 과거 삼성과 애플 사이의 제조 관련 법률 자문을 한 변호사는 제조 인큐베이팅센터 자체를 주식회사로 해서 제조 파운드리를 구현하는 조직으로 발전시킬 가능성을 제안했다.

포항산업과학연구원의 파일럿 플랜트는 공장 부지로 승인을 받았기 때문에 제조 인큐베이팅센터에 입주하는 기업은 다른 승인 절차 없이 바로 생산라인을 구축할 수 있다. 보통 입주 벤처기업은 제조 인큐베이팅센터 입주 후 바로 포항시 산업단지에 땅을 구입한다. 그리고 시간이 걸리는 공장 허가와 전력 및 수도 시설 마련 등을 동시에 진행한다. 또한 포스코의 은퇴 엔지니어를 연계할 수도 있다. 이러한 인큐베이팅 시스템 덕분에 포항에 수도권 기업을 포함해 7개 공장이 새로 만들어졌고 120개 이상의 일자리가 창출됐다. 앞으로도 공장과 일자리 창출은 계속 늘어날 추세다.

실제로 공장을 지원한 사례를 보면 파일럿 플랜트의 효율성과 효과를 알 수 있다. 이에 관한 사례로 포스텍 교수의 기술을 바탕으로 창업한 바이오 앱을 보자. 이 기업은 식물에서 항원 단백질을 만들어서 백신을 생산하는 기술을 보유하고 있다. 식물의 씨앗에 특정 단백질을 주입하면 식물이 자라면서 그 단백질을 생산하는 것이다. 이후 단백질을 추출해 식물 기반의 단백질을 생산한다. 이를 위해 식물공장 등의 온도, 습도, 조도 등을 세밀하게 관리해야 한다. 포항산업과학연구원은 이 식물공장을 설계하고 구축하는 데 도움을 주고 2.5%의 지분을 확보했다. 또한 폐수 처리 등 벤처기업이 겪고 있는 환경 문제에 대해 포항산업과학연구원의 환경팀이 리사이클 등을 지원한 사례가 있다.

제조업 인프라 다음으로 IT 분야 인프라에 대해서 살펴보자. IT 분야는 벤처생태계의 시작이자 핵심이다. IT 분야 벤처기업은 포스코그룹과 관련된 스마트팩토리, 경상북도와 포항시, 그리고 전라남도와 광양시와 관련된 스마트시티를 구현하는 데 혁신 기술을 제공할 수 있다. IT의 핵심인 빅데이터 확보는 매우 비싼 프로세스여서 주로 대기업과 정부가 데이터를 확보하고 있다. 대기업과 관련해서는 스마트팩토리고 공공기관과 관련해서는 스마트시티다.

포스코 벤처생태계는 스마트팩토리와 관련해서는 입주 또는 투자 벤처기업의 목록을 작성하고 업데이트하면서 포스코 관련 부서와 협력하고 있다. 포스코의 스마트팩토리는 등대공장으로 선정이 될 정도로 빅데이터, 데이터센터 등 관련 인프라가 완비되어 있어 벤처기업과 연계가 용의하다.

반면 스마트시티와 관련해서는 하드웨어 인프라와 소프트웨어 인프라 구축이 필요했다. 이러한 인프라는 지역 경제 활성화에 핵심적인 역할을 할 수 있다. 먼저 IT 하드웨어 인프라는 데이터센터와 해외 광케이블이다. 데이터센터는 현재 세 가지 정도로 기획되고 있다. 첫 번째는 경상북도와 전라남도의 광역 데이터센터다. 경상북도와 포스텍의 양자컴퓨터를 탑재해 미래지향적인 최첨단 광역 데이터센터로 논의를 진행하고 있다. 두 번째는 거대 실험 시설인 방사광가속기 전용 데이터센터다. 방사광가속기도 많은 데이터를 생산하기 때문에 데이터센터가 필요하다. 세 번째는 생성형 인공지능을 위한 주권적 데이터센터다. 거대 데이터를 분석해야 하기 때문에 최근 필요성이 대두되고 있다. 우리나라의 DNA 데이터, 금융 데이터 등과 같은 민감한 데이터는 국내에서 인공지능을 활용해야 한다는 취지다. 이러한 데이터가 외부로 나간다면 한국인이 잘 걸리는 바이러스 개발, 한국 금융의 취약점을 분석해서 공격하는 등 악용될 수 있기 때문이다. 이러한 주권적 인공지능 데이터센터를 경상북도에 유치하는 부분도 논의하고 있다. 또한 포항에 해저 광케이블 육양국*을 구축해 일본 규슈와 미국 시애틀로 바로

---

* 해저 케이블을 육지에 연결된 통신망과 연결하기 위한 설비 시설

나갈 수 있도록 관련 벤처기업과 논의하고 있다. 포항에 해저 광케이블이 구축되면 글로벌 데이터센터도 유치할 수 있을 것으로 전망한다. 한편 경상북도는 현재 데이터센터에 가장 필요한 전기를 저렴하게 제공할 원자력발전소를 보유하고 있다.

IT 소프트웨어 인프라와 관련해서는 경상북도와 함께 모든 스마트시티 데이터를 모을 수 있도록 특수목적법인SPC, Special Purpose Company 설립을 논의하고 있다. 이 특수목적법인은 블록체인 기반의 디지털 도민증을 발급하여 도내 교수와 연구원과 벤처기업이 교육, 의료, 금융, 교통, 치안, 환경, 에너지, 농업 등의 데이터를 가공하여 활용할 수 있도록 제공하는 역할을 할 수 있다. 활용도를 높이기 위해 국토부 스마트시티 사업을 유치하였다. 이 스마트시티 데이터는 교수와 연구원에게는 무료로 제공하고 벤처기업에는 1~2% 지분을 받고 제공할 수 있다. 또한 데이터 사용 벤처기업에게는 경상북도 지역 펀드를 통한 투자 연계와 경상북도형 유니콘 후보 기업으로 선정하여 다양한 지원이 가능하다. 이러한 모델은 광양제철소가 소재하는 전라남도에도 적용할 수 있다.

현재 포스텍 출신 블록체인 벤처기업을 통해 블록체인 기반의 디지털 도민증을 이미 개발했다. 디지털 도민증이 신원 인증 기능을 하므로 농어촌 지원금을 관공서 방문 없이 집에서 수령할 수 있다. 그리고 블록체인 코인으로 지역 상품권과 복지 바우처를 휴대폰에서 거래할 수 있도록 설계하고 있다.

IT 벤처기업 지원 인프라는 데이터와 함께 IT의 시작인 로그인 아이디 시스템, 데이터를 보관하는 클라우드, 챗봇, 사용자경험UX 등의 기본적인 IT 인프라 제공도 벤처기업들과 구성하고자 한다. IT는 특성상 한 번의 구매로 끝나지 않는다. 소프트웨어 업그레이드와 유지보수가 핵심이다. 기술은 뛰어나지만 미래가 불안정한 벤처기업의 약점을 보완하는 시스템이 매우 중요하다. 50년간 지역에서 신뢰를 쌓아온 포스코그룹의 자회사인 포스코DX는 이러한 약점을 보완하는 역할을 할 수 있다. 포스코그룹이 보육하고 투자한 벤처기업을 포스코그룹, 포항시와 경상북도, 광양시와 전라남도와 연계할 때 포스코DX가 중간에서 시스템 통합SI, System Inegration 역할로 불안정한 벤처기업과의 연결에 대한 위험을 해소하는 데 기여 할 수 있다.

마지막으로 바이오 분야 인프라에 대해 알아보자. 최근 들어 노령 인구가 급속히 늘면서 바이오 분야의 연구비가 급속히 늘고 있다. 바이오는 연구개발에서 임상을 거쳐 정부 승인을 받기까지 긴 시간이 걸린다는 특징이 있다. 이러한 특징을 반영해 바이오에 적합한 인프라를 구축해야 한다. 내가 파악한 바이오 분야 벤처기업의 요구를 정리해 보니 지원해야 할 인프라가 대략 세 가지다.

첫째, 하드웨어 인프라다. 바이오 분야는 특히 실험이 가능한 인큐베이팅센터 요구가 높다. 바이오 벤처기업의 요청으로 체인지업그라운드에 실험이 가능한 웻랩을 20개 이상 구축했다. 이러한 인프라 말고도 앞으로 포스텍이 보유한 방사광가속기연구소와 극저온 전자현미경 등의 연구시설을 벤처기업이 활용하도록 지원할 수 있다. 이렇듯 인프라 구축은 포항 퍼시픽밸리 생태계가 가진 큰 장점 중 하나다. 이미 포스코건설은 셀트리온의 우수 의약품 제조 및 품질 관리 기준GMP Good Manufacturing Practice을 만족하는 시설을 건설 한 경험이 있다.

둘째, 기획·창업도 눈여겨봐야 한다. 바이오 분야의 특성상 바이오 기획·창업 벤처캐피털의 역할이 매우 중요다. 국내 최고의 바이오 기획·창업 벤처캐피털인 민트MINT를 포함한 국내 바이오 기획·창업 벤처캐피털과 포스텍을 연계하고 있다. 또한 포스코 인터내셔널의 글로벌 네트워크를 통하여 임상시험 수탁기관CRO, Contract Research Organization과 위탁생산기관CMO, Contract Manufacturing Organization 등을 포함해 바이오 분야의 특화된 시스템을 구축할 수 있다.

마지막으로 디지털 헬스케어가 있다. 기대수명이 늘고 노인 의료비 부담이 커지면서 DNA 검사, 정기 건강검진, 식생활과 운동에 대한 바이오 로그 데이터 등을 기반으로 하는 예방의학이 디지털 헬스케어 사업으로 부상하고 있다. 퍼시픽밸리 생태계에서도 디지털 헬스케어 사업의 가능성은 무궁무진하다. 포스코그룹의 직원 가정과 경상북도와 전라남도 도민들을 대상으로 바이오 데이터를 확보할 수 있다면 디지털 헬스케어 벤처생태계를 구축하여 직원과 지역 주민 복지를 획기적으로 바꿀 수 있다. 디지털 헬스케어 혁신 벤처기업을 활용하여 수도권을 뛰어넘는 지역 의료 관리 시스템이 가능해졌다. 이는 지역소멸이 기술로 극복될 수 있는 사례가 될 수 있다. 이러한 모델은 경상북도뿐만 아니라 당연히 전라남도에도 가능하다.

투자로 생태계를 디자인하는 포스코 벤처펀드

포스코는 벤처생태계를 위해 조성한 1조 원 중 8,000억 원 규모의 포스코 벤처펀드에 대한 설계 원칙과 펀드 구성 방식과 운영 전략을 많은 전문가들과 함께 만들었다. 포스코 벤처펀드를 설계할 때 가장 먼저 떠오르는 질문이 있었다. "어떻게 하면 8,000억 원으로 벤처펀드를 지속가능하게 만들 것인가?" "투자 원칙을 어떻게 정할 것인가?" 등이다. 금융 투자의 첫 번째 원칙은 최고의 이익을 내는 것이 아니라 최고의 안정성을 만드는 것이다. 두 번째 원칙은 최고의 이익을 실현하는 것이다. 벤처펀드 설계는 이 두 가지 원칙을 따랐다. 이를 위해 벤처생태계 통계를 검토해 안정적인 수익률을 기록하고 있는 상위 25% 내의 벤처 캐피털과 이들이 투자하는 상위권 벤처기업과 협력을 검토했다. 아무래도 포스텍의 성공 요인인 '관리와 안정'보다는 '자율과 성장'이 벤처생태계에 더 적합하다고 판단했다. 벤처생태계의 본질, 즉 '업의 본질'에 모든 것을 맞추어서 초격차 전략을 만들어야 했다. 최고의 인력에게 최대한의 자율성을 주면서 그들과 함께 최고의 성과를 낼 수 있는 방향으로 설계했다.

그리고 벤처와 가까운 산업군을 가지고 있고 인력과 자원에서 국내 최고인 삼성과 어떻게 경쟁할 것인가를 고민했다. 이미 삼성은 벤처 분야에서 세계 10위권 벤처투자 기업으로 국내 다른 기업에 비해서 10년 이상 앞서 있다. 고민해야 할 것이 또 있었다. 미국과 다른 우리나라만의 역사와 문화에 맞는 벤처생태계는 무엇인지에 관한 것이었다. 포스텍을 전략적으로 활용하기 위해 초기부터 글로벌 유니콘 기업까지 포함하는 전 주기 투자, 박사 30%의 창업, 국내 시장만의 한계를 극복하기 위한 해외 진출 등에 관한 고민이다. 그 결과 선순환, 전 주기, 글로벌, 각 분야의 최고 전문가와의 오픈 컬래버레이션 등의 키워드를 정하고 이들을 기준으로 벤처펀드를 설계했다.

결론은 "국내 최고 산업계 유한책임조합원LP, Limited Partners이 되자!"였다. 미국 벤처 시장에 비해 국내에서 부족한 부분이 유한 책임조합원이라는 것을 주목했다. 많은 포스텍 출신 동문 벤처캐피털과 벤처기업인과 논의한 결과다. 국내 유한책임조합원은 거의 100% 금융기관이다. 삼성, 현대, SK, LG, 롯데는 모두 업무집행조합원GP, General Partner을 하지 유한책임조합원을 하지 않는다. "최고의 벤처기업은 최고의 업무집행조합원이 만들고, 최고의 업무집행조합원은 최고의 유한책임조합원이 만든다."라고 한다. 그런데 직접적인 벤처투자 경험이 없는 포스코는 업무집행조합원을 하기보다는 유한책임조합원을 하면서 협업하는 모든 업무집행조합원과 투자 벤처기업의 데이터베이스를 만들어 관리하는 것이 벤처 시장의 상위 25%와 일할 수 있는 전략이라고 판단했다.

포스코는 유한책임조합원으로서 8,000억 원 정도 출자해 2조 원 이상의 펀드를 만들어 투자 범위를 넓히고 위험은 분산할 수 있다. 그리고 업무집행조합원이 회수에 대한 구조를 설계하고 실행하기 때문에 투자 기업의 청산 문제도 자연스럽게 해결할 수 있다. 또한 우선매수권을 통해 향후 벤처투자 지분도 확대할 수 있다. 펀드 계약상 모든 유한책임조합원에게 우선매수권이 평등하게 부여되나 실제적으로는 포스코를 제외한 모든 유한책임조합원이 금융권의 재무적 투자자FI, Financial Investor이기 때문에 펀드 청산 시 타 유한책임조합원의 벤처 지분에 대한 우선매수권을 행사할 가능성이 낮기 때문이다.

포스코 벤처펀드 구성의 원칙들은 초기에 큰 저항에 부딪혔다. 처음에는 1조 원을 가지고 포항과 광양 지역기업에 각각 5,000억 원씩 투자할 것으로 생각하고 있었다. 그러나 벤처밸리 인프라 구축에 2,000억 원, 벤처펀드에 약 8,000억 원을 출자해 신성장 사업을 발굴하는 것으로 계획을 수정하자 포항시와 광양시의 비난이 거셌다.

"회수할 수 없는 지역기업에 투자해서 2~3년 더 살려주고 1조 원이 다 없어지길 바랍니까? 아니면 실력 있는 지역기업이 해외까지 가서 글로벌 유니콘기업으로 성장하길 바랍니까? 어느 것이 지역사회에 더 도움이 됩니까?"

이러한 논리로 설득하려 했지만 포항과 광양의 이해관계자들은 쉽사리 동의하지 않았다. 문제는 외부뿐만 아니었다. "유한책임조합원을 하면 우리가 직접 통제할 수 없는데 포스텍 기업에 투자가 가능한가?" "포스코는 금융기관이 아니므로 투자수익을 기대하기보다는 전략을 가지고 전략 분야에 투자해야 하는데 유한책임조합원으로 이것이 가능한가?" 등의 질문이 포스코 내부에서도 쏟아져 나왔다.

통상적으로 모든 것을 내재화해 성공 신화를 만든 국내 대기업은 오픈 컬래버레이션을 어렵게 여긴다. 외부의 최고 인력들과 협력하고 내부와 연계하는 생태계라는 단어의 의미를 이해하지 못하는 것 같았다. 오히려 그들이 그동안 이룩한 위대한 성공의 신화가 새로운 시대에 독이 되는 경우를 종종 볼 수 있다. 그 신화에 갇혀 새로운 변화에 적응하지 못한다. 포스코가 혁신 생태계로 다가가는 것이 필요했다. 그런데 포스코 내부는 혁신 생태계를 포스코로 끌어오려는 움직임이 강했다.

우여곡절 끝에 포스코는 2019년 5월 벤처펀드에 투자하려고 하는 8,000억 원을 유망 분야와 전략 분야에 각각 50:50으로 투자하기로 했다. 유망 분야에 국내 펀드 3,000억 원과 해외 펀드 1,000억 원을, 전략 분야에 기업형벤처캐피털펀드 1,500억 원과 전략 펀드인 2,500억 원을 할당했다. 그리고 벤처생태계의 시장 환경은 항상 변하기 때문에 펀드 예산 총액 8,000억 원과 펀드별 예산 배분는 매년 새롭게 검토하면서 포스코 신성장 전략을 맞춰서 조정해가는 것으로 정해졌다.

다음으로 "각 분야의 최고 전문가와의 협력을 어떻게 끌어낼 것인가?"라는 고민을 풀어야만 했다. 포스코 자금만이 투입되는 기업형벤처캐피털 펀드를 제외한 나머지 국내 펀드, 해외 펀드, 전략 펀드에 대해서 국내외에서 최고 전문가가 누구인지를 여러 채널을 통해 알아보았다. 그 결과 한국벤처투자, KDB산업은행, 한국성장금융과 협업할 수 있었고 꽤 놀라운 성과를 내게 됐다. 각각의 펀드 구성을 정리하면 다음과 같다.

먼저 국내 펀드 구성이다. 국내 펀드 유한책임조합원의 최고 전문가는 중소벤처기업부 산하의 한국벤처투자다. 포스텍 후배를 통해서 만난 한국벤처투자 대표는 포스코의 국내 펀드 유한책임조합원으로서 참여해달라는 제안을 크게 환영했다. 그리고 포스코 CEO와 중기부 장관 사이의 '포스코 1조 원 펀드 양해각서MOU' 체결도 펀드를 설계하는 데 큰 힘이 됐다. 국내 벤처펀드를 맡은 직원이 한국벤처투자와 수많은 미팅을 하면서 씨앗펀드, 성장펀드, 우선매수권, 국회 보고 문제 등 실제적인 펀드 조성 방안 등을 지속적으로 논의했다.

씨앗펀드의 경우 창업 초기 100억 원 이하 가치의 벤처기업에 투자하는 목적의 펀드로 기획했다. 미국과 다르게 한국 문화에서는 순수 민간 액셀러레이터보다는 대학기술지주회사가 우위에 있다고 판단했다. 포스코그룹이 포스텍을 보유하고 있었기 때문에 가능한 생각이었다. 서울대학교, 카이스트, 포스텍, 연세대학교, 고려대학교, 한양대학교 등 6개 대학기술지주회사에 유한책임조합원으로 투자하게 되면 국내 상위권 연구 중심 대학의 벤처생태계 데이터베이스를 구축할 수 있다고 판단했다. 포스코가 대학기술지주회사를 통해 얻은 수익을 장학금 등의 형식으로 각 대학에 기부한다면 대학의 벤처생태계 형성과 포스코 이미지 향상에 도움이 될 것이다.

한편 100억~1,000억 원 가치의 벤처기업에 대한 성장펀드는 국내의 상위권 벤처캐피털과 협력하기 위해 공고를 했다. 이후 후보 벤처캐피털에 포스코가 생각하는 성장펀드를 설명하고 그들의 제안서를 외부 전문가와 함께 심의하는 등 노력을 많이 했다. 그 결과 2019년 11월에 씨앗펀드에 서울대학교 및 포스텍 기술지주회사, 성장펀드에 스틱벤처스, 프리미어파트너스, SV인베스트먼트 등 국내 최상위의 5개 업무집행조합원을 선정하는 성과를 거두었다.

국내 최상위 벤처캐피털이 포스코의 펀드 출자금을 받아간 덕분에 포스코 벤처펀드는 국내 최고의 유한책임조합원으로 자리 잡고 상위 10위권 안의 벤처캐피털과 협업할 수 있게 됐다. 이것은 포스코 펀드의 첫출발로 큰 성과였다. 한국벤처투자가 자신들이 15년간 쌓아온 모든 노하우를 공유했기 때문에 경험이 전무한 포스코가 최고의 업무집행조합원에게 유한책임조합원으로 투자하게 된 것이다. 이후 카이스트, 고려대학교, 한양대학교 등 대학기술지주회사, IMM, 아주IB투자, 스톤브릿지벤처스 등 국내 상위권 벤처캐피털에 추가로 출자했다. 그리하여 씨앗펀드와 성장펀드를 통해 상위 10%의 벤처기업에 대한 데이터베이스를 확보할 수 있었다.

전략펀드는 포스코의 전략 분야에서 창업 초기를 지나 일정 수준 이상의 매출을 창출하고 있는 기업가치 1,000억 원 내외의 벤처기업에 100억 원 이상을 투자할 목적으로 만든 펀드다. 금융위원회 산하 한국성장금융과 협력했다. 한국성장금융은 한국벤처투자와 함께 국내 양대 출자기관이다. 한국벤처투자가 초기 벤처기업에 중점을 두고 있다면 한국성장금융은 후기 벤처기업에 중점을 두고 있다.

한국성장금융과의 협업은 금융자본과 산업자본 간 협업으로 상당한 의미가 있다. 한국성장금융은 자체 투자사업을 통해 국내 사모펀드, 은행 등 유한책임조합원과 협업하고 있기 때문에 대부분의 국내 프로젝트 투자 제안deal을 효과적으로 발굴할 수 있고 해외 프로젝트도 포스코에 제안할 수 있는 기반을 갖추고 있다. 투자한 기업이 포스코와의 전략적 적합성과 밸류업 가능성 등을 바탕으로 포스코 신성장 사업과 연계될 수 있도록 펀드의 투자 결정 시 포스코가 참여하는 구조로 설계했다. 또한 투자 결정에 참여하기 전 포스코 전략 부서와 신사업 관련 부서가 참여하는 포스코 내부 의사결정 프로세스도 기획했다.

펀드에서 투자 시 운용사가 40% 이상 외부 유한책임조합원 자금을 유치하는 구조로서 사모펀드 운용사, 한국성장금융, 포스코가 함께 투자를 검토함으로써 투자 성공 확률을 높일 수 있다. 포스코 자회사로 육성하는 것을 염두에 두는 선행성 투자인 만큼 투자 이후에도 포스코가 밸류업에 적극적으로 참여할 수 있다.

이처럼 포스코의 신사업을 위한 인수합병과 무관하게 포스코펀드는 액셀러레이터-벤처캐피털-사모펀드의 전 주기 펀드 전략을 통해 자체적으로 창업부터 회수의 전 과정을 포괄할 수 있도록 설계했다. 포스코는 액셀러레이터, 벤처캐피털, 사모펀드 등 어느 시점에서도 인수합병이나 협력을 할 수 있다.

해외 펀드는 전 세계를 센싱할 수 있는 모펀드, 국내 펀드와 같은 지역별 펀드, 포스코그룹의 경쟁 기업과 협력 기업과의 공동 펀드로 논의됐다. 국내 펀드와 같이 해외 펀드 역시 논의와 실행 과정은 지난한 과정이었다. 펀드 조성 당시 해외 펀드에 대해서는 외국, 특히 미국의 상위권 벤처캐피털이 국내 자금을 받는 경우가 거의 없지만 국내 최고 금융기관인 KDB산업은행의 자금은 받는다는 의견을 들었다. 조사를 해보니 KDB산업은행은 세 번 해외 펀드 글로벌 파트너십 펀드GPF, Global Partnership Fund를 출범했고 2019년 네 번째 해외 펀드를 준비하고 있었다. 글로벌 파트너십 펀드 I~III은 산업자본의 참여가 없었다.

해외 모펀드인 글로벌 파트너십 펀드 I~III의 업무집행조합원을 맡은 멀티에셋운용을 소개받고 KDB산업은행 관계자와 미팅해 글로벌 파트너십 펀드 IV를 함께 조성하기로 협의했다. 금융위원회에서는 금융자본과 산업자본이 협력해서 신사업을 만드는 모델을 만들어보고자 하는 생각이 있었다. 그 첫 번째 파트너로 포스코가 적절하다고 판단했다. 그런데 글로벌 파트너십 펀드 IV의 업무집행조합원을 할 계획이었던 멀티에셋운용의 모회사인 미래에셋자산운용이 중국 안방보험으로부터 미국 호텔 체인을 7조 원에 인수하기로 결정하는 바람에 글로벌 파트너십 펀드 IV에는 투자할 여력이 없어지게 됐다. 그래서 글로벌 파트너십 펀드 IV의 업무집행 조합원을 영국 슈로더그룹의 슈로더 에드백 벤처투자로 하는 것으로 해외 펀드를 기획하게 됐다.

KDB산업은행이 앵커 유한책임조합원으로서 출자하고 포스코는 400억 원을 출자해 총 1,800억 원의 재간접 해외 모펀드를 조성했다. 미국의 메이필드, 앤드리슨 호로위츠, 라이트스피드, 중국의 IDG 등 각국의 상위권 벤처캐피털이 운용하는 약 20개의 펀드에 재출자해 펀드 합계 결성액으로는 약 14조 원 규모로 약 1,200개 정도의 벤처기업에 투자할 것으로 예상한다. 이렇게 포스코의 첫 해외 펀드가 출범했다. 이를 통해 미국을 포함한 전 세계의 벤처생태계를 센싱할 수 있게 된 것이다. 또한 국내 펀드에서 투자한 벤처기업이 해외로 진출하는 데 역할을 할 수 있도록 해외 펀드 담당자가 노력하고 있다.

이후 체계적인 해외 펀드 구성을 위해 미국, 유럽, 아시아 세 권역의 해외 액셀러레이터, 벤처캐피털 등의 출자 사업 확산을 논의했다. KDB산업은행과 함께 해외 모펀드는 글로벌 센싱채널로 활용하고 세 권역별로 국내 펀드와 같은 구조를 구상했다. 이스라엘이 강한 벤처생태계를 구축할 수 있던 것은 미국의 유대인 액셀러레이터와 벤처캐피털 네트워크로 구성했기 때문이다. 이처럼 한국계 액셀러레이터, 벤처캐피털 등의 출자 사업도 논의했다. 초기 벤처기업에는 한국계 액셀러레이터와 벤처캐피털과 하고 이후에는 지역의 상위권 벤처캐피털과 협력하는 것으로 구상했다. 이 구상을 통해 미국 에너지펀드에 출자해 투자가 이루어지고 있다. 또한 미쓰비시 기후변화펀드, 철강 및 이차전지 등과 같이 포스코 주력 분야의 글로벌 경쟁 업체와 공동 펀드 조성을 통한 혁신 벤처기업 공동 발굴에 대한 논의도 있었다.

이렇게 조성된 포스코 벤처펀드를 통한 벤처투자의 활용 방안도 적극적으로 논의했다. 국내 펀드, 해외 펀드, 기업형 벤처펀드 및 전략펀드가 정상적으로 가동하면 30~40개 정도의 악셀러레이터, 벤처캐피털과 사모펀드에 매년 캐피털콜capital call 기준으로 1,000억 원 정도를 출자해 200개 내외의 벤처기업에 투자할 것으로 전망했다. 데이터 베이스에는 벤처밸리의 육성 기업과 함께 약 1,500~2,000개 정도의 벤처기업 정보가 축적될 것으로 예상한다. 앞으로 모든 예측은 데이터베이스를 중심으로 일어날 것이기 때문에 잘 설계해야 한다. 이 벤처투자 시스템의 활용 방안은 다음과 같이 정리될 수 있다.

첫째, 수익과 분배다. 우선 벤처투자의 수익을 통해 포스코 벤처생태계 전체의 예산이 독립될 수 있도록 한다. 포스코펀드 출범 7년 후에는 멀티플 2 이상의 수익으로 매년 1,000억 원 출자에 2,000억 원 회수로 1,000억 원 이상의 이익을 예상한다. 이익의 20%는 포스코 벤처생태계 조직의 경상 운영비로, 20%는 벤처밸리 운영에, 60%는 벤처펀드의 추가 재투자에 사용할 수 있다.

둘째, 펀드 간 연계 강화다. 미국의 벤처캐피털과 벤처기업은 상호 이너서클을 만들어 서로 정보를 공유해 기획 투자를 자체적으로 진행한다. 그래서 빠른 기간 안에 밸류업을 하고 위험을 줄이는 활동을 하고 있다. 이와 같이 포스코는 협업할 30~40개 액셀러레이터, 벤처캐피털, 사모펀드 등이 자체적으로 운영하고 있는 투자 기준을 조사하고 공유한다. 그리고 포스코벤처펀드가 투자한 벤처기업이 후속 투자 준비를 위한 밸류업에 에너지를 집중하도록 지원한다. 벤처밸리에서 육성하는 기업에 지원하는 소프트웨어 인프라도 후속 투자를 효과적으로 받을 수 있도록 설계하고 운영할 수 있다.

셋째, 운용 보고서의 활용이다. 벤처밸리 육성과 함께 벤처펀드 투자 전략과 진행 현황 등을 분기별로 운용 보고서 형태로 준비해 전체 포스코그룹과 공유한다. 이때 포스코와 그룹사별로 관심 있는 분야의 벤처기업과 동향을 파악하고 분석한 내용을 포함한다. 한편 연구비를 분석하면 10년 후의 미래를 예측할 수 있고 벤처를 분석하면 5년 후의 미래를 예측할 수 있다. 이러한 운영 보고서를 활용해 포스텍의 연구비와 벤처기업을 분석하면 포스코와 그룹사별로 기술 전략을 수립하는 데 도움이 될 것이다.

유니콘을 키우는 포스코 신사업 체계

포스코그룹이 유망 분야 사업을 벤처생태계로 진행하려면 다음과 같이 3단계를 거쳐야 한다. 1단계는 범포스코 벤처생태계의 벤처기업 데이터베이스를 포스코 신사업 후보 풀로 활용한다. 신사업 후보 풀은 벤처밸리의 창업생태계, 입주 기업, 포스코벤처펀드로 투자받은 기업으로 구성된다. 데이터베이스에 있는 벤처기업의 사업 모델, 경쟁력, 시장, 인력, 경영실적 등의 정보를 통해 평가 기준을 마련한다. 그리고 초기 후보군인 롱 리스트Long List와 최종 후보군인 쇼트 리스트Short List로 관리해 자회사 후보를 체계적으로 발굴한다. 이들 기업을 분류해 관련 부서와 연계하고 이들의 성장을 위해 포스코에서 지원 프로그램을 만들어 지원한다.

2단계는 위에서 말한 쇼트 리스트에서 글로벌 진출이 가능한 기업과 포스코그룹사들의 추천을 통하여 유니콘 후보 기업을 선정하고 있다. 선정한 기업에 대해 3년간 마스터플랜을 만들어 포스코그룹 전체의 역량을 활용해 지원하는 시스템을 구축했다. 포스코 사모펀드 투자 연계, 벤처기업 스톡옵션 기반으로 포스코 직원 최고전략책임자 파견, 벤처 CEO의 포스코그룹 임원 영입과 같은 후속 조치도 논의하고 있다. 이러한 방향과 정책을 통해 구체적으로 논의한 사례들이 있다. 4차 산업혁명 기술과 관련한 사례들이다. 무인화의 시작이라 할 수 있는 센서를 통한 데이터 수집과 관련해 센서 제조 벤처기업에 대해서는 국산화 TF를 만들어 미국 허니웰 수준으로 향상하는 작업을 진행했다. 그리고 무인화의 완성이라 할 수 있는 로봇을 통한 자동화와 관련한 전문가는 포스코 내부에서 찾기 힘들기 때문에 로봇 벤처기업 CEO를 포스코그룹의 임원으로 영입하는 게 좋은 대안이 될 수 있다. 그러면 포스코와 벤처기업의 업무를 각각 50:50으로 하면서 양쪽 모두를 이해하고 협력 전략을 수립할 수 있을 것이다. 이런 하이브리드형 영입으로 포스코와 벤처기업을 모두 이해하고 상호 협력할 수 있는 인력을 길러낸다. 이러한 포스코의 유니콘 후보 기업 프로세스는 경상북도와 전라남도에 전수해서 함께 진행하려고 논의하고 있다.

3단계는 인수합병 후보 발굴이다. 유니콘 후보 기업 풀에서 밸류업 성과를 통해 그룹 신사업과 연계하는 것이다. 이때 포스코 벤처펀드 구축을 통한 국내외 금융자본 시장을 포스코 신사업에 활용할 수 있다. 예를 들어 이차전지와 탄소중립 등 현재 포스코의 신사업에 대해서도 주식 10~20% 정도는 글로벌 영향력이 큰 대형 펀드의 투자를 받을 수 있다. 해외 대형펀드사로부터 얻은 고급 정보를 활용해 위험을 최소화하고 수익을 참여자와 공유하는 방향을 적극적으로 고려할 필요가 있다.

4
포스코 벤처생태계 성과

　포스코 벤처생태계가 2019년부터 시작해 2023년 말까지 5년간의 거둔 성과는 벤처밸리, 벤처펀드, 기술 센싱채널, 지역 경제 활성화의 관점에서 어떤 결실을 맺었을까? 예상을 뛰어넘는 성과를 얻었지만 포스코그룹 전사적으로 확산하지 못한 부분은 아쉽다.

　성과와 아쉬움을 두고 떠오른 과제가 있다. 바로 어떻게 하면 포스코그룹 전사적으로 벤처생태계와 협력하도록 할 수 있을까였다. 5년간의 성과는 또 다른 숙제를 남겼다. 벤처밸리에 대해서 는 영리-비영리 인터페이스를 위한 인력 양성, 벤처펀드에 대해서는 벤처투자를 통해 신사업을 진행하는 해외 사례 발굴, 국가적인 센싱 채널에 대한 제안, 포스코와 포스텍 모델의 확장을 통한 지역 경제 활성화 등 아직도 풀어야 할 과제가 많다.

이러한 과제가 주는 무게는 크지만 풀지 못할 것은 아니다. 순탄하지 않은 과제를 해결한 경험을 축적했기 때문이다. 권오준 회장 시절 포스코그룹 전체가 인공지능을 전사적으로 파급하는 노력을 기울인 적이 있었다. 이때 성공적으로 포스코그룹 전체에 체질화한 사례에서 해결의 실마리를 찾을 수 있다.

2016년 당시 알파고 열풍에 포스코는 포스텍 정보통신대학원에 의뢰해 인공지능 교육 프로그램을 만들어 포스코그룹 전사 교육을 했다. 또한 팀장급 이상은 인공지능 과제를 발굴해 진행했다. 바쁜 현장 직원들에게서 불만이 나왔지만 CEO의 의지로 스마트팩토리를 목표로 삼고 계속 진행됐다. 그러자 성과가 나오기 시작했다. 예를 들어 진취적인 직원들과 산학협력 과제를 맡은 교수들이 미지의 세계였던 고로 내부 온도 제어를 통한 용선(쇳물) 품질을 향상할 수 있는 인공지능 알고리즘과 아연 도금 두께를 조절할 수 있는 인공지능 알고리즘을 개발했다. 이 두 성과는 모두 국가 기술로 등록됐다.

엄청난 성과가 있었는데도 현장에서는 여전히 인공지능에 대한 의문이 가시지 않았다. 상당수의 인공지능 과제에 대한 90% 이상이 실패를 경험했다. 그러나 실패를 자산으로 삼은 덕분에 긍정적인 성과가 나왔다. 단순회귀 분석과 딥러닝 인공지능 사용에 대한 노하우가 쌓이고 인공지능 학습을 위한 데이터의 양과 질이 우수해지면서 현장에서도 자신감이 생겼다. CEO의 의지로 4~5년간 계속 노력을 기울인 덕분에 현장에서도 '인공지능을 통한 스마트팩토리가 가능하구나!' 하는 확신이 생긴 것이다. 이제는 열연공장을 완전 자동화로 원격 운영할 계획을 세우게 됐다.

벤처생태계도 이러한 모델을 적용한다면 어떨까? 전사 교육뿐만 아니라 사업 회사별로 벤처펀드 조성과 운영, 벤처회사와 협력을 위한 연계, 사내벤처 등을 담당하는 조직 신설, 성과 관리와 우수 사례 발굴 등을 통한 벤처생태계와의 연계로 포스코그룹에 벤처생태계가 체질화하는 과정이 필요하다. 포스텍, 포항산업과학연구원, 포스텍기술지주회사, 포스코기술투자를 아우르는 주식회사 포스코벤처를 발족해 체계적으로 접근한다면 인공지능을 통한 스마트팩토리를 뛰어넘어 포스코그룹의 미래에 큰 획을 그을 수 있을 것이다.

실험이 현실이 된 포스코 벤처밸리

포스코 벤처밸리가 지난 5년간 거둔 성과는 인큐베이팅센터 구축, 기초연구부터 유니콘 기업 육성에 이르는 전 주기 지원 실적, 성과의 확산 사례, 정부 정책에 대한 제언이라는 네 가지 측면에서 설명할 수 있다.

먼저 포스코 인큐베이팅센터 성과를 살펴보자. 포항, 광양, 서울 등 지역별 인큐베이팅센터의 구축과 운영을 통해 육성하는 기업들의 성과를 보면 2023년 기준으로 포항 체인지업그라운드 98개, 광양 7개, 서울 14개 기업이 입주해 있고 졸업 기업 53개를 포함해 총 168개 유망 벤처기업을 육성하고 있다.

포스코 인큐베이팅센터를 개관할 때 3~5년 정도에 입주가 완료 될 것으로 예상했는데 세 곳 모두 개관 후 1년 내외로 100% 입주 가 돼 깜짝 놀랐다. 주위에 벤처기업이 준비됐다는 것을 확인할 수 있었다. 세 곳 인큐베이팅센터 모두 100% 입주율을 기록했고 졸 업 및 새로운 기업 입주 정도의 공실이 있어 매우 활발하게 활용되 고 있다.

입주 기업의 전체 기업가치는 1조 9,000억 원에 이른다. 그리고 2,100억 원 이상의 투자를 유치했고 1,500명 이상의 인원이 근무 하고 있다. 미래 신사업의 토대가 될 유망 벤처기업 발굴과 함께 지역 경제 활성화와 청년 일자리 창출에 기여했다. 이 성과만 보더 라도 긍정적인 선순환을 확인할 수 있다. 포스코그룹의 체계적인 벤처기업 지원으로 바깥의 많은 벤처기업이 입주하기를 원한다. 그리고 입주한 기업들이 포스코의 지원으로 성장하는 사이클을 만 들어낸다. 최근 입주기업 4개 중 하나가 팁스 프로그램에 선정될 정도로 기술 기반 우수성을 입증하고 있다.

입주율이 왜 높은지 분석해보니 세 가지 이유로 파악이 됐다. 첫 째는 수도권에서 창업하던 포스텍 출신이 포스코 지원으로 포항에 서 창업하게 됐다. 둘째는 스마트팩토리, 스마트시티와 관련하여 포스코나 포항시와 계약한 기업들이 포항 사무소를 개설했다. 셋 째는 제조 인큐베이팅센터를 통한 공장 지원으로 포항에 공장을 이전하거나 신설하면서 입주한 기업이 늘었다. 결국 벤처기업의 요구를 기반으로 포스코 벤처생태계를 조성했기 때문에 벤처기업이 자신의 경영적인 판단으로 찾아오게 된 것이다.

다음으로 살펴볼 것은 기초연구에서 유니콘까지 전주기 지원 성과다. 포스코와 포스텍의 협력 모델로 다양한 성과가 가시화되고 있다. 다양한 성과란 포스텍이라는 교육기관을 기반으로 하는 기초연구의 실용화와 창업, 유니콘 후보 기업 선정과 포스코그룹과의 협력, 수도권에서 포항으로 공장 이전 등인데 이러한 성과가 계속해서 나오고 있다.

포스텍 우수 연구 성과의 실용화와 창업은 포스텍의 기초연구결과가 포항산업과학연구원과 연계해 실용화로 이어진 사례에 있다. 이러한 실용화가 계속 진행돼 창업으로 이어졌다. 예를 들어 노준석 교수의 메타광학소재, 심재윤 교수의 양자컴퓨터, 장진아 교수의 바이오 소재 등이 대표적이다.

포스텍 기반 창업 기업과 수도권 기업이 포항에 내려와서 공장을 신설하는 스케일업과 공장 건설도 부쩍 눈에 띈다. 현재 제조인큐베이팅센터를 통해 공장을 건설해 스케일업이 일어나고 있다. 대표적인 기업으로는 전기차 배터리팩 제조 및 재활용을 하는 피엠그로우, 협동로봇 제조 및 솔루션을 제공하는 뉴로메카, 미래 신소재인 그래핀을 생산하는 그래핀스퀘어 등이 있다.

유니콘 후보 기업 선발과 육성도 차근차근 진행 중이다. 전기화학식 정밀 가스 센서 제조 상장기업인 센코와 친환경 바이오 소재를 개발하는 에이엔폴리 등은 유니콘 후보 기업으로 선정돼 투자와 해외 진출과 같은 협력을 진행하고 있다.

이 과정에서 포항산업과학연구원은 실용화 연구 후 창업지원, 스케일업, 공장 건설을 지원하면서 벤처기업에 기술이전을 통한 지분 확보, 초기 지분 참여 등으로 자본이익을 얻게 되면 예산 독립을 할 수도 있다. 또한 참여 연구원도 벤처기업으로부터 스톡옵션으로 적극적인 참여를 유도할 수 있다.

포스코 벤처밸리 성과도 갈수록 확산되고 있다. 위와 같은 성과가 알려지면서 서울대학교와 고려대학교 등 대학과 한국과학기술연구원 KIST 등 정부출연연구소로부터 협력 요청을 받고 있다. 2023년 서울대학교 총장과 리더십 일행이 포스텍 캠퍼스의 포스코 벤처생태계를 투어했다. 그들은 "서울대학교에 가장 필요한 것이 포항산업과학연구원의 실용화 연구기관이다. 서울대학교 캠퍼스에 실용화 연구소 분소 건립을 요청한다."라는 의견을 주었다. 같은 해에 대전광역시 전략기획실장과 공무원 일행이 포스텍 캠퍼스의 포스코 벤처생태계를 투어했다. "대전의 미래가 포항에 있는 줄 몰랐다. 포항의 포스코 벤처 플랫폼과 같은 모델 구축을 위해 대전광역시에도 포항 산업과학연구원 같은 상용화 시설 건립을 요청한다."라고 협조를 구했다. 이러한 요청은 포스텍 캠퍼스의 포스코 벤처생태계를 방문한 미국, 이스라엘, 일본 벤처캐피털로부터도 동일하게 받았다.

마지막으로 이러한 성과를 바탕으로 정부에 정책 제언을 하고자 한다. 우리나라의 연구 중심 대학과 정부연구소는 뛰어난 기초연구결과의 후속 실용화에 동일한 갈급함이 있다. 과기부는 한국생산기술연구원, 한국기계연구원, 한국재료연구원, 한국에너지기술연구원 등이 포항산업과학연구원과 같은 역할을 할 수 있도록 고민해야 한다. 미래 먹거리인 연구결과의 상용화에는 비영리기관인 대학, 정부 출연, 영리기관인 기업을 모두 이해하는 인력이 필요하다. 현재 이런 인력은 매우 드물다. 이런 인력을 양성하기 위해 다음을 제안한다.

포스코와 포스텍의 산학협력 모델의 일반화가 필요하다. 각 지역의 거점 대학 캠퍼스 내에 산학연융합연구소를 구축해 대학과 기업 모두에서 급여를 받는 인력을 양성해야 한다. 양쪽에서 급여를 받아야 양쪽을 모두 이해할 수 있고 영리와 비영리 사이를 인터페이스할 수 있는 인력으로 성장한다. 특히 대기업연구소가 연구 인력 채용을 이유로 대부분 지방에서 수도권으로 옮기는 바람에 지방의 가장 우수한 연구 인력은 대학교수다. 그런데 2012년부터 실행된 반값 등록금으로 대학의 재정이 어려워져 대학교수의 급여가 상대적으로 취약해져버렸다. 이 때문에 지방 대학에서 우수 교수를 임용하기가 더 어려워졌다. 이런 상황을 타개하고 우수 연구 인력을 확보하려면 앞에서 말한 급여 모델이 현실적인 대안이 될 수 있다. 교수가 휴직 없이 지역기업의 연구소장 등으로 근무할 수 있으면 임금 상승효과와 함께 기업의 연구 능력을 향상할 수 있다. 또한 기업은 대학이 가질 수 없는 데이터, 컴퓨팅 파워, 연구 장비를 제공해 더 깊은 수준의 산학협력을 진행할 수 있다.

이 모델은 좀 더 발전시킬 수 있다. 대학교수를 기업 연구원으로 채용하기도 하지만 반대로 기업에 채용된 연구원을 대학의 학과와 매칭해 관련 실험실의 겸직교수로 발령하는 것이다. 그렇게 되면 강의, 연구, 사업화 등으로 협력할 수 있다. 기업이 과제를 제공하면 교수는 기초연구를 지도해 최고 수준의 논문을 쓴다. 기업 연구원인 겸직교수는 실용화 연구를 지도해 특허 현장 적용이 가능하게 할 수 있다. 더 나아가 창업도 할 수 있다.

이러한 프로그램을 통해 기업 연구원이 연구뿐만 아니라 교수와 창업까지 모두 할 수 있는 기회를 제공한다면 타 기업과 비교해 최고 인력을 채용할 수 있을 것이다. 또한 이는 지방 소멸 시대라는 위기에 처해 있는 지역에서 고급 연구 인력을 유치할 수 있는 방식이다. 나아가서 연구원-교수-벤처의 하이브리드형 인력 채용도 가능하다. 기업과 대학 양쪽에서 받는 임금, 과제 수행 결과로 받는 인센티브, 기술이전을 통한 포상과 함께 창업을 한다면 비상장주식으로 경제적인 인센티브를 추가로 얻을 수 있다.

연구 성과가 좋은 대학과 연구소는 기술사업화에 갈급함이 있다. 하지만 비영리기관이 영리활동인 기술사업화에 큰 어려움을 겪고 있다. 나는 경험으로 비영리 기관이 영리활동 기획의 능력이 없다는 것을 인정하는 것이 기술사업화의 시작점이 아닐까 하는 생각이 든다. 이 생각으로 외부 전무가들과 함께 생태계를 구축하는 접근이 필요하지 않을까. 궁극적으로는 포스코-포스텍 모델이 적용되어 비영리기관의 5% 정도의 인력이 비영리기관과 영리기관 모두를 이해하고 있어야 실제적인 기술사업화 논의가 가능하지 않을까.

수익률로 증명된 포스코 벤처펀드

포스코 벤처펀드의 지난 5년간의 성과와 관련한 수익률과 사례도 돋보인다. 먼저 포스코 벤처펀드 수익률을 보자. 포스코 펀드는 2023년 말 기준으로 국내외 톱 액셀러레이터, 벤처캐피털, 사모펀드 등의 운영사 25개 펀드에 4,000여억 원을 출자해 2조 8,000억 원의 펀드를 결성했다. 포스코 출자액 대비 7배의 레버리지로 센싱이 가능하다. 2023년 말 기준으로 1,500여 개의 벤처기업에 1조 5,000억 원을 투자한 수익률은 17% 수준으로 4,000여억 원 출자의 가치가 6,000억 원을 넘어선다. 이중 포스텍 동문 기업 50여 개에 1,000여억 원 이상을 투자했다.

포항과 광양의 지역기업, 포스코 사내벤처, 포스텍 동문 기업 등의 벤처기업 풀을 포스코펀드 운영사에 연계해 투자에 성공한 확률은 15% 정도다. 톱 운영사에 투자 유치를 원하는 기업을 연계하면 비슷한 분야의 벤처기업 10~20개 중에 최고 기업에 투자하게 된다. 그래서 수익률을 높일 수 있다. 또한 포스코의 밸류업 지원도 수익률을 높이는 데 역할을 하고 있다. 투자에 실패한 기업에는 톱 운영사의 투자 기준을 설명하고 부족한 부분을 코칭하는 지원도 하고 있다. 이런 활동을 통해 벤처밸리 기업들이 포스코 펀드를 받기 위한 건강한 노력이 생태계의 좋은 문화를 만들고 있다.

이러한 성과와 함께 포스코 벤처펀드 운영과 관련해 다양한 사례와 논의가 있었다. 예를 들어 미국 반도체 코팅 장비 1위 기업인 어플라이드 머티리얼즈Applied Materials가 코팅 기술 기반 리튬 음극제 회사를 만들어서 포스코 벤처펀드로 투자 의뢰를 해온 적이 있다. 벤처캐피털 투자, 회수, 자본이익 기반 전략 없이 좋은 인력을 구하기 힘들다. 2~3개 기업의 전략적 투자와 사용자 검증을 통해 위험 요소를 줄이고 사업 속도를 높여야 한다. 포스코 내부에서는 이런 기술에 대한 사업은 벤처로 진행하지 않는다. 이러한 사례들이 계속 센싱된다면 이는 전략 분야에도 사내벤처를 허용하는 등 포스코 신사업 전략에도 반영할 수 있음을 시사한다.

포스코그룹은 최근 들어 안전사고와 인력 확보의 어려움으로 인해 빅데이터, 인공지능, 로봇 등을 활용한 무인화를 기획해 실행하고 있다. 또한 메타버스를 활용한 가상 마케팅 플랫폼도 기획하고 있다. 이러한 기획은 포스코 내부 역량만으로는 어렵기 때문에 벤처 기업을 포함한 협력업체와 함께 개발해야 한다. 포스코와 협력하는 벤처기업은 그 가치가 높아질 확률이 매우 높다. 그 때문에 포스코펀드로 투자하면 향후 자본이익을 얻어 개발비가 20% 내외 절감하는 효과가 있다. 또한 향후 인수합병을 통해 자회사로 키울 수도 있다.

국경을 넘나드는 퍼시픽밸리 생태계

포스코와 포스텍 벤처생태계를 구축하면서 해결하고 싶은 가장 큰 부분이 해외 진출이다. 이런 고민의 결과 중 하나로 2023년 포스코인터네셔널이 중소기업 상생기금을 통해 11개 벤처기업에 해외 마케팅 활동 비용으로 5,000만 원씩을 지원하고 실리콘밸리에서 기업설명회와 해외 진출 컨설팅도 진행했다. 포스코인터네셔널은 가능하면 창업 초기에 해외 진출에 대한 전략을 만들어야 성과를 낼 수 있다고 했다. 특히 바이오 벤처기업을 위해 한국계 임상시험 수탁기관과 특허 컨설팅을 연계한 논의를 활발하게 했다. 포스코인터네셔널에서 퇴임한 임원은 벤처기업의 해외진출 지원 사업을 시작하기도 했다.

2023년 나는 실리콘밸리 한국계 벤처 관련 인력 모임인 '82 나이트 포럼82 Night Forum'에 참석했다. 우리나라 국가번호인 '82'를 상징화한 이름이라고 한다. 이 포럼에 벤처기업, 벤처캐피털, 유학생 등 500명 이상이 참석해 정책 방향 소개와 기업투자설명회 등 열띤 분위기를 느낄 수 있었다. 미국 액셀러레이터인 플러그앤드플레이 건물에서 모였다. 이런 모임이 가능한 한국계 액셀러레이터 또는 한국 정부 건물이 있으면 좋겠다는 생각이 들었다. 그리고 이스라엘이 미국에 있는 유대인 네트워크를 활용해 세계적인 벤처 생태계를 구축한 것과 같이 이 포럼을 통해 미국에 있는 한국 벤처 네트워크가 활성화되고 한국과 연결될 수 있지 않을까 하는 희망을 보았다. 또한 이미 해외 펀드 투자 유치 및 해외 진출에 성공했거나 해외에서 창업한 포스코 출신 기업이 있다는 것을 알게 됐다. 이들의 성공은 포스코와 포스텍 벤처생태계에 미래에 가장 큰 자산이다. 이들을 통해 다른 기업들도 해외 진출이 성공할 가능성이 크기 때문이다. 센코, 핏투게더, 아모지 등이 대표적인 사례다.

센코는 국내 유일의 전기화학식 가스 센서 제조 기업이다. 센코의 하승철 대표는 해외시장을 개척해 35개국에 가스 센서를 수출하고 있다. 가스 센서를 판매하기 위해 각 나라에서 방폭 인증을 받고 대리점을 발굴해 수출 시스템을 구축했다. 핏투게더는 축구 선수가 착용하는 조끼 등 부분에 부착한 센서를 통해 선수의 움직임을 감지해 다양한 방식으로 분석하는 기술을 가진 기업이다. 국제축구연맹FIFA에 등록될 정도로 기술과 국제적인 인지도를 인정받고 있다. 팬데믹 기간에 20개국 200여 개 구단으로 온라인 수출을 해 선수들을 관리하는 시스템을 구축하고 있다. 아모지는 포스텍을 졸업하고 MIT에서 박사학위를 받은 우성우 박사가 미국 뉴욕에서 창업한 회사다. 5,600만 달러 투자를 유치해 암모니아를 연료로 한 에너지 솔루션을 제공하고 있다.

포스코 생태계 전략 자산인 센싱채널

오픈 이노베이션 시대에 센싱채널을 국가와 기업의 핵심역량으로 구축해야 한다. 인수합병을 할 때는 투자할 때 위험 요소 검토가 핵심이다. 그러나 센싱채널은 혁신 기술에 대한 투자를 못한 경우의 위험 요소가 없도록 하는 것이 핵심이다. 벤처투자는 그 자체가 분산투자이기 때문에 투자 리스크는 거의 없다. 대신 핵심기술을 센싱하지 못했을 때 생기는 사업의 위험 요소를 제거하는 것이다.

당연히 최고 벤처기업에 투자해야 한다. 이를 위해서는 최고 운영사에 출자하는 게 필수다. 또한 이스라엘의 최고기술책임자 네트워크와 같이 기업이 필요한 미래 기술을 정의하고 운영사에 센싱을 해달라고 요청해 기술 네트워크를 구축해야 한다. 이를 하지 못하는 운영사에는 추가 출자를 제한해 기술 네트워크의 효율을 높일 수 있다. 출자와 투자를 통한 대기업과 벤처기업 사이의 정보 연계가 핵심인데 이에 대해 벤처캐피탈의 사명감이 필요하다.

포스코 센싱채널은 포스텍, 벤처밸리, 포스코펀드를 통해 구축했다. 특히 포스코펀드는 4,000억 원 정도를 출자해 2조 8,000억 원의 펀드를 조성했다. 포스코의 출자를 받은 국내 운영사의 총 운영자금 규모AUM, Asset Under Management는 19조 원이다. 포스코는 펀드 조성 기준 7배, 운영사의 운영자금 규모 기준으로는 48배의 레버리지로 센싱채널을 구축하고 있다. 투자한 기업은 1,500여 개이고 운영사는 6,000여 개의 벤처기업 풀을 센싱채널로 구축했다. 국내 운영사의 총 운영자금 규모가 160조 원 정도이기 때문에 국내 벤처기업의 12%를 포괄할 수 있다. 상위 운영사와 협력하면 국내 상위권 벤처기업 12%를 센싱할 수 있다는 의미이기도 하다.

벤처밸리를 통해 포스텍의 연구와 입주기업을 센싱채널의 일부로 생각할 수 있다. 이를 통해 다양한 분야의 센싱채널을 활용할 수 있다. 철강, 이차전지, 수소, 인공지능, 로봇 등 특정 분야가 정해지면 입주 기업, 포스코펀드 운영사, 포스텍 산학처를 통해 2주 안에 관련 벤처기업과 포스텍의 연구 정보를 센싱할 수 있다. 이를 세부 분야별로 정리해서 보고서를 만들어 관련 연구소와 부서에 공유한다. 추가적인 출자 없이도 모든 분야의 보고서가 2주 안에 가능하다는 것이다. 이 보고서를 바탕으로 3~5년의 미래는 벤처기업, 5년 이상의 미래는 교수들을 통해 센싱할 수 있다. 이는 6개월마다 업데이트를 할 수 있다. 나아가 해외 센싱도 비슷한 프로세스로 구축할 수 있다.

예를 들어 이차전지 분야에 대해서 포스텍의 연구 인력, 연구과제, 연구비, 지식재산권의 통계자료를 만들고 관련 벤처기업 풀을 모은다. 또한 포스코의 관심 영역 입장에서 이를 원료, 소재, 배터리, 리사이클 기술로 분류하고 과제를 통한 지식재산권 확보, 펀드 투자, 인수합병 등 협력 방식을 세분화해 매트릭스 분석을 한다. 가능하면 국내 이차전지 관련 벤처기업의 풀은 모두 확보하도록 한다.

또 다른 예로 로봇 분야를 생각할 수 있다. 인구 감소로 인력 채용이 어려워짐에 따라 4차 산업혁명 기반의 무인화 필요성이 커지고 있다. 이와 관련해 로봇 분야에서도 이차전지와 비슷한 분석이 가능하다. 데이터를 모으기 위한 센서 기업, 안전과 보건 전문 벤처기업, 포스코의 자원을 활용하는 자원화 사업 플랫폼 등 다양한 분야를 총망라해 워크숍을 하면서 분석을 진행했다.

센싱채널 구축은 심지어 포스코 국내 식당을 관리하는 포스웰에 푸드테크 기업을 연결하고 경상북도 경찰청에 과학 치안 벤처기업을 연계하는 등 다양하게 진행하고 있다. 포스코는 경상북도, 전라남도를 통해 안전, 보건, 환경, 블록체인, 스마트팜 등 다양한 벤처기업과 협력하는 건수도 매년 늘어나고 있다. 추가 출자 없이 모든 분야에 센싱채널을 구축할 수 있다.

글로벌 비즈니스를 위해서는 글로벌 센싱채널 구축도 필요하다. 이런 측면에서 향후 포스코의 철강과 이차전지 등 사업 분야에서 글로벌 경쟁기업과 함께 공동펀드를 구축해야 한다. 경쟁기업이 벤처투자를 통한 센싱으로 확보한 혁신 기술을 포스코도 반드시 공유하고 있어야 한다. 그렇지 않으면 순식간에 격차가 날 수 있다. 그러므로 공동펀드를 만들어 정기적인 미팅을 통해 오픈 이노베이션과 센싱채널 기반의 혁신 기술을 협의할 필요가 있다.

최근 들어 기업은 치열한 경쟁과 빠른 기술 발전 속도로 빠른 의사결정이 요구되고 있다. 경영진은 '어떻게 빠르게 의사결정을 하면서도 의사결정의 질도 함께 높일 수 있을까?'라는 어려운 질문에 직면했다. 이에 대한 해답이 글로벌 센싱채널 구축을 통해 얻은 정보를 바탕으로 의사결정을 하는 것이다. 단순히 빠른 의사결정을 위해 70~80% 수준의 의사결정을 하는 것이 아니라 데이터 기반으로 빠르고 수준 높은 의사결정이 가능한 시스템을 구축해야 한다.

국가 차원의 센싱채널 구축도 중요한 과제다. 현재 논의되는 기후변화, 탄소중립, 이차전지, ESG 관련 시장이 순수 시장 주도보다는 정책 주도로 만들어진 시장으로 보는 견해가 많다. 게임의 룰을 만드는 나라들을 따라가야 하는 우리나라는 이 부분에 대한 판단의 근거를 만드는 것이 중요하다. 미국 벤처캐피털은 이러한 정책 주도 시장에 대해 매우 신중하다. "정치인이나 교수들이 제안한 정책과 연구개발은 시장 상황과 비용 구조를 동반하고 있지 않기 때문에 이들의 정책만으로는 투자하지 않는다. 정책은 펀드 조성에는 도움이 되지만 실제 투자는 회수가 가능해야 일어난다. 그러므로 실제 투자되는 달러 기준 통계 자료를 바탕으로 판단하는 것이 훨씬 합리적이다." 등의 의견들을 제시한다. 국가 국내총생산과 연구개발 예산이 정비례한다는 통계 자료도 있다.

이를 바탕으로 보면 미래를 위해서 연구개발을 하고 또한 연구개발로 배출된 인력과 기술을 바탕으로 벤처 창업이 된다는 사실에 근거해 국가적인 센싱 시스템 구축을 제안한다. 실제 연구개발 예산이 많은 미국, 유럽, 중국, 일본, 인도 등의 국가들을 대상으로 과학기술정보통신부는 전 세계 연구개발 예산을 분석하여 국가별 분야별 자료들을 분석하고, 중소벤처기업부는 전 세계 벤처투자를 분석하여 국가별 분야별 자료들을 분석하여 국가 미래 전략을 기획하는 데 기반이 되는 자료를 제공하는 센싱 시스템이 필요한 시대가 됐다.

무역에 대한 시대정신의 변화로 인한 해외 펀드도 생각해볼 수 있다. 이제는 세계화Globalization 시대가 종식되고 자국중심주의 시대가 열릴 것으로 예상하는 전문가가 많다. 세계화 시대가 내재화하는 인소싱Insourcing 전략에서 외부와 협력하는 아웃소싱Outsourcing 전략으로 변화시킨 것처럼 자국 중심의 블록경제Block economy 시대에서는 해외 생산 기지를 통해 생산과 판매를 하는 디소싱Desourcing 전략으로 변화할 것으로 예상한다. 그러므로 수출보다 현지화 전략으로 진행한다면 해외 펀드의 역할이 훨씬 더 중요해질 것이다.

벤처생태계가 만든 지역 경제 활성화

포스코 벤처생태계는 포항과 광양의 지역을 기반으로 벤처밸리를 구축한 것이 특징이다. 이는 지방 소멸 시대에 지역 경제 활성화의 한 전략으로 충분히 확산할 수 있을 것이다. 광양시장이 포항 벤처밸리에 방문해 투어하고 광양을 벤처 도시로 만들 것을 선언할 정도로 놀라고 감동한 적이 있다. 포항 모델의 확산은 지방 소멸 이슈에 대해 혁신 기술의 중요성과 지역 경제 활성화에 대한 대안으로 떠올랐다.

이제 지방 시대는 기술로 열어야 한다. 여성 해방, 장애인 해방, 노동자 해방 등이 정책으로 시작해 가전제품, 의료기술, 4차 산업 혁명 등의 기술로 해결해가는 것과 같이 지방 소멸 문제도 정책으로 시작하지만 궁극적으로는 기술로 해결해갈 것으로 예상한다. 지방 소멸 문제를 해결하는 것을 넘어 스티브 잡스가 이야기한 것과 같이 사람들의 가슴을 뛰게 하는 인문학과 결합한 기술은 이전과 다른 새로운 지방 시대를 열어갈 것이다. 인터넷과 휴대폰, 빅데이터와 인공지능 기술을 기반으로 코로나19 기간에 비대면 기술이 일취월장 발전했다. 이를 통해 젊은 인력이 선호하는 재택근무, 개인맞춤형 교육, 디지털 헬스케어, 가상현실VR과 증강현실AR 콘텐츠 등 시공간을 뛰어넘는 새로운 환경과 문화의 시대가 열리고 있다. 분야별로 현재 진행되는 상황을 정리하면 다음과 같다.

미국에서 아름다운 자연환경을 가진 인구 10만 정도 되는 도시에 고연봉의 청년들이 몰리고 있다. 비대면 기술로 대부분은 집에서 재택근무를 하고 한 달에 한두 번 정도 로스앤젤레스와 뉴욕 등 본사에 출근해서 미팅 등 필요한 업무를 한다고 한다. 이런 근무 환경을 제공하는 기업에 더 우수한 인력이 몰리는 새로운 트렌드가 만들어졌다. 기업은 고정비를 줄일 수 있고 직원은 출퇴근에 드는 시간을 취미나 육아에 활용할 수 있다. 이는 출근할 때와 거의 동일한 수준의 정보를 제공하고 영상 회의 등을 할 수 있는 저렴한 비대면 기술 덕분이다. 이러한 워케이션Workation 개념이 전 세계로 확산할 것으로 예상한다.

하버드대학교는 언번들링 에듀케이션 정책을 발표하면서 에듀테크 기업을 활용해 학생 선발, 강의, 시험, 진로 지도에 활용할 계획이라고 한다. 빅데이터와 인공지능 기술을 활용해 개인맞춤형 교육이 가능해졌다. 황희찬 선수가 골을 넣고 웃 통을 벗었을 때 착용한 운동 센서를 초중고 학생에게 적용해 맞춤형 체육 교육이 가능하다. 비대면 기술을 활용해 스탠퍼드대학교가 설립한 온라인 고등학교는 전 세계에서 학생을 모집하고 있다. 일론 머스크의 자녀도 이 학교에 다닌다고 한다. 이러한 빅데이터, 인공지능, 비대면 기술로 인해 어느 곳에 살아도 전 세계 어느 대학에 진학할 수 있는 새로운 교육의 시대가 점점 다가오고 있다.

디지털 헬스케어 기술을 활용한 예방의학의 시대도 다가오고 있다. 개인 DNA 검사가 50만 원 수준의 가격으로 가능하고 향후 더 내려갈 것으로 예상한다. 개인 DNA 기반의 운동, 영양제, 질병 원인 분석과 처방이 가능한 시대가 곧 열릴 듯하다. 건강검진 기술도 계속 발전하고 가격 경쟁력을 갖추게 돼 현재 건강검진의 50% 정도는 머지않은 미래에 가정에서 실시간으로 가능할 것으로 예상한다. 여기에 식생활 데이터와 운동 데이터를 연결하면 현재의 의료보험 비용으로도 예방의학이 가능하다. 갑자기 큰 병이 생기는 확률은 대폭 내려갈 것으로 전망한다. 또한 비대면 원격진료를 통해 시공간을 뛰어넘는 의료 시스템을 구축할 수도 있을 것이다. 인공지능 기술을 활용하면 심혈관 질환을 2~3일 전에 예측할 수 있어서 갑작스럽게 대형 병원에 가야하는 사례가 줄어들 수 있다.

예술과 문화 분야도 스포츠처럼 위성이나 인터넷 기술로 집에서 뉴욕의 뮤지컬이나 유럽의 오케스트라 연주와 오페라를 시청하는 시대가 됐다. 또한 가상현실과 증강현실 기술로 현장성을 더욱 강화 하는 시대가 다가오고 있다. 어느 때 어느 곳에서든 전 세계 문화 콘텐츠를 즐길 수 있는 시대가 오고 있다.

이렇듯 '인서울' 바람으로 지방 소멸을 유도했던 좋은 일자리, 좋은 교육, 좋은 의료, 풍부한 문화생활 등의 요소가 빅데이터, 인공지능, 비대면 기술을 활용해 지리적인 불평등을 해결할 수 있는 시대가 오고 있다. 하이퍼루프, 드론 항공 등과 같은 기술로 이동 시간이 더 줄어들 수도 있다. 이런 시대를 적극적으로 수용하고 준비하는 정책을 마련하고 자원을 투입할 수 있어야 하겠다.

경상북도 포항은 우리나라 동쪽 끄트머리에 있는 지방 도시다. 이곳에서 만들어진 벤처생태계가 갈수록 확산하고 있다. 포스코 벤처생태계를 통해 2023년 말 기준으로 58개의 수도권 기업이 포항으로 내려왔다. 여기에는 12개의 본사와 7개의 공장 이전 또는 신설이 포함돼 있다. 일자리 측면에서 300여 개의 일자리가 창출됐다. 지방 소멸 시대에 깜짝 놀랄 만큼의 매우 독특한 사례다. 대통령실, 국회, 교육부, 과기부, 중기부, 산업부, 모든 광역지자체에서 포항 벤처생태계를 방문하고 있다. 또한 포스코그룹과 함께 사업하는 협력업체와 고객 기업에 포스코펀드에 공동출자하는 기회를 제공해 현재 사업뿐만 아니라 미래 사업도 함께할 수 있는 시스템을 논의하고 있다.

이러한 포스코그룹의 벤처생태계 모델이 각 지역의 창조경제혁신센터와 파트너 기업에 좋은 롤 모델로 확산한다면 지역 연구결과가 벤처 창업으로 이어져 지역 경제 활성화에 큰 역할을 할 수 있을 것이다. 다른 지역도 포항과 같은 생태계 요소는 갖추고 있기 때문이다. 모든 광역지자체에는 거점 대학이 있다. 이 거점 대학에는 우수한 교수들이 있고 사용하는 연구비도 적지 않다. 포스코와 같은 역할을 하는 기업이 있다면 각 지역의 연구 성과를 기반으로 벤처생태계를 구축할 수 있다. 각 광역지자체에는 중기부가 지원하는 창조경제혁신센터가 있고 각 센터에는 대기업이 연계돼 있다. 이처럼 포스코와 포스텍의 포항 모델이 다른 광역지자체로 확산해 지역 경제 활성화에 도움이 될 수 있다. 제2의 새마을 운동으로 확산되었으면 한다.

기술로 여는 지방 시대가 실현되려면 혁신적인 스마트시티 벤처기업과 지자체 사이의 협력도 매우 중요하다. 이 협력을 위해 앞서 설명한 것과 같이 포스코는 경상북도와 함께 데이터센터와 해저광케이블 등 스마트시티를 위한 하드웨어 인프라와 스마트시티 데이터와 같은 소프트웨어 인프라 구축을 진행하고 있다. 이와 함께 교육, 헬스케어, 금융, 교통, 치안, 스마트팜, 환경, 문화 등 다양한 벤처기업과 협력하고 있다. 향후 지방시대위원회의 4대 특구인 기회개발특구, 교육자유특구, 도심융합특구, 문화특구를 통해 협력 활성화를 기대할 수 있다.

포스코는 포항시와 협력해 국토부 스마트시티 사업을 유치했다. 그리고 벤처기업과 함께 포항시의 스마트시티 실증 사업을 진행했다. 예를 들어 미래 모빌리티의 선봉 모델인 '수요응답형 대중교통'을 도입해 교외지 시민의 이동권을 보장했다. 또한 택시 지붕에

탑재하는 '수익공유형 택시 광고'를 도입해 지역의 택시 사업자에게 부가 수익을 제공했다. 전국 최초 '올 아이오티 택시All IoT Taxi'를 도입해 택시에 장착한 사물인터넷 장비로 도로의 포트홀과 각종 시설물을 탐지하는 행정 서비스를 운영하고 있다.

또한 이제는 전국에 보편화된 CCTV 관제센터를 경찰서와 연계해 불필요한 이동 없이 경찰서에서 원격으로 CCTV 영상 조회가 가능한 시스템을 전국 최초로 구현했다. 이 시스템은 경찰청 미래 치안의 혁신 사례로 선정되기도 했다.

포스코의 벤처생태계는 스마트시티 사업에서도 '지역상생과 벤처혁신'이라는 새로운 스마트시티 모델을 제시할 수 있었다. 법인 택시 사업자에게 '수요응답형 대중교통'의 사업 기회를 제공하고 지역 택시 사업자에게 택시호출 서비스를 무료로 제공하는 동시에 지역화폐 결제를 결합해 시민의 혜택을 높이는 방식은 지역의 신뢰가 큰 포스코그룹만이 기획하고 실행할 수 있는 윈윈 모델이다. 참여한 벤처기업이 타 도시에서는 상상하기 힘든 타협이 포항에서 이루어졌다고 감탄하기도 했다.

그리고 블록체인 기업인 파라메타를 통해 블록체인 기반의 경상북도 도민증을 도입했다. 이를 통해 휴대폰으로 인증이 가능해져 읍면동사무소에 가지 않고 집에서 농어민 지원금을 수령할 수 있게 됐다. 향후 블록체인 기반의 지역화폐를 발행해 지역 상품권과 복지 바우처를 다양한 벤처기업 활용에 도입할 예정이다.

이 밖에도 헬스케어 기업인 유투메드텍을 통해 포항시와 안동시

보건소를 통해 실시간 당뇨 검사로 예방 시범 사업을 했다. 그리고 전기화학식 가스 센서 기업 센코는 포항시의 악취 원인을 파악하는 환경 시스템을 구축하고 있다.

이제 우리는 선택의 갈림길에 서 있다. 수도권과 일부 거점 도시만을 위한 미래를 꿈꿀 것인가, 아니면 전국 곳곳에 있는 지역, 대학, 산업 거점을 연결해 '기술 기반의 지방 시대'를 함께 설계할 것인가. 포항은 그 물음에 먼저 답한 도시다. 산업과 기술, 교육과 정부, 그리고 지역 공동체가 함께 만들어낸 이 모델은 대한민국 전체를 위한 실험이자 세계를 향한 가능성의 출발점이다.

이제 포항, 포스코, 포스텍 생태계는 수도권 집중 시대의 종언을 넘어 '퍼시픽밸리'라는 새로운 비전을 향해 나아가고 있다. 벤처가 싹트고 기술이 실현되며 사람이 머무는 도시를 꿈꾼다. 그런 도시가 전국 각지에서 탄생할 수 있도록 포항에서부터 혁신은 계속될 것이다.

나가는 글

혁신의 뿌리를 심다

나는 우연한 계기로 벤처생태계에 발을 들이게 됐다. 이후 꼬리에 꼬리를 무는 듯한 새로운 기회들이 계속 이어졌다. 그 여정은 처음에는 상상조차 할 수 없었던 방향으로 확장됐다. 기업가, 교수, 대기업 임원, 공직자 등 다양한 역할을 경험하는 동안 그 중심에는 항상 벤처생태계가 자리했다.

나에게 벤처생태계는 매력적이었고 그 매력은 점점 더 커졌다. 벤처생태계를 조성하면서 내가 생각하는 영역이 포스텍, 포스코, 그리고 포항시, 경상북도, 대한민국으로 점점 확대됐다. 벤처생태계가 포스텍, 포스코, 포항시, 경상북도, 대한민국의 미래에 꼭 필요하고 구축해야 하는 역량으로 인식됐고 이에 대한 믿음이 점점 커졌다.

한편으로 벤처생태계 구축은 매우 어렵다는 생각이 깊어졌다. 비영리기관과 영리기관 사이의 협력, 기존의 대기업과 신생 벤처기업 사이의 협력, 통제 중심의 마스터플랜 문화에서 오픈 이노베이션 기반의 자유로운 플레이그라운드 문화로의 변화, 청년들의 자발적인 창업과 미국 진출 등은 정말 어려운 숙제다. 과연 구축할 수 있을까라는 의구심도 들었다.

다행히 포스코와 포스텍의 특수한 관계 덕분에 뜻밖의 행운과 함께 가시적인 성과를 경험할 수 있었다. 이는 참으로 기쁘고 감사한 일이었다. 그러나 아직은 뿌리가 연약해 언제든 말라버릴 것 같은 생각도 든다. 포스코를 떠나 포스텍 교수로 돌아오면서 많은 사람에게 내 생각을 널리 알리고 벤처생태계를 위한 좋은 토양을 만들어야 할 시기가 아닌가 하는 고민을 하게 됐다. 그러던 중에 놀랍게도 세미나 기회가 연이어 생겼고 청중과 호흡하는 과정에서 자연스럽게 '이 내용을 책으로 정리하면 좋겠다'는 생각까지 이르게 됐다.

포스텍과 포스코 그리고 포항시, 경상북도, 대한민국이 위기에 있다고 생각하는 사람이 많다. 이런 위기에서 애정을 가진 사람들끼리 파벌을 짓는 경향을 보게 된다. 포스텍은 모교 출신 교수들 사이에서, 포스코는 서울대학교 금속과, 포항시는 뿌리회 등의 이야기들이 들려온다. 두 세대만 올라가도 포스텍, 포스코, 포항시는 존재 하지 않는데도 이런 현상이 생긴다. 이런 파벌은 애정이라는 좋은 점이 있지만 폐쇄적이라는 약점이 있다.

시대를 꿰뚫고 비전을 세우고 이를 공유하며 많은 사람의 마음을 모으는 일은 참으로 어렵다. 이에 비해 파벌을 만드는 것은 훨씬 쉬워 보인다. 하지만 깊은 생각과 본질적인 접근으로 파벌에 속하지 않은 사람들조차 참여하게 만들지 않으면 시대를 돌파할 수 없다고 믿는다. 잠시 효과는 있을 수 있지만 토대가 너무 좁아 널리 퍼지기 어렵고 지도자가 사라진 후 다음 세대로 전달되기가 어렵다.

이 책을 통해 많은 이의 마음이 더 넓은 세계로 향하길 바란다. 같은 방향을 바라보며 마음을 모아 함께 나아가고 싶다. 대한민국의 건국 세대, 근대화 세대, 민주화 세대에 이어 이제는 혁신 세대가 더욱 발전하는 새로운 대한민국을 만들어갈 수 있도록 뜻을 모으고자 한다. 이러한 바람이 책 곳곳에 스며들어 독자에게 온전히 전달되기를 진심으로 소망한다.

스타트업 혁신도시 포항에서 세계로
퍼시픽밸리의 시대가 온다

초판 1쇄 인쇄 2025년 9월 22일
초판 1쇄 발행 2025년 9월 29일

지은이 박성진
펴낸이 안현주

기획 류재운　**편집** 안선영　**브랜드마케팅** 이민규　**영업** 안현영
디자인 표지 정태성 본문 장덕종

펴낸 곳 클라우드나인　　**출판등록** 2013년 12월 12일(제2013-101호)
주소 우) 03993 서울시 마포구 월드컵북로 4길 82(동교동) 신흥빌딩 3층
전화 02-332-8939　　**팩스** 02-6008-8938
이메일 c9book@naver.com

값 20,000원
ISBN 979-11-94534-41-9　03320

* 잘못 만들어진 책은 구입하신 곳에서 교환해드립니다.
* 이 책의 전부 또는 일부 내용을 재사용하려면 사전에 저작권자와 클라우드나인의 동의를 받아야 합니다.
* 클라우드나인에서는 독자 여러분의 원고를 기다리고 있습니다.
  출간을 원하시는 분은 원고를 bookmuseum@naver.com으로 보내주세요.
* 클라우드나인은 구름 중 가장 높은 구름인 9번 구름을 뜻합니다. 새들이 깃털로 하늘을 나는 것처럼 인간은 깃펜으로 쓴 글자에 의해 천상에 오를 것입니다.